机动车检验培训系列教材

机动车检验——
设备原理与使用指南

主　编　崔艳江　姚　伟
副主编　杨国亮　王满生
参　编　邱建辉　解文杰　魏恒达　李英冬　张　浩
　　　　谢鲜明　范国彦　冀建新　贾晓杰

机械工业出版社

本书依据相关检验标准以及各种检验设备的计量标准、制造标准与相关单项检验项目标准等编写，共分13章，前两章为机动车检验基础知识与汽车基础知识，其他部分为机动车检验所涉及的仪器设备内容。全书结合相关技术标准要求，阐述了机动车检验项目所涉及设备的结构原理、标准检验流程与计量要求。

本书适合机动车检验机构从业人员作为培训教材使用，也适合机动车检验设备研制企业的开发人员学习参考。

图书在版编目（CIP）数据

机动车检验：设备原理与使用指南/崔艳江，姚伟主编. —北京：机械工业出版社，2019.12（2022.3重印）
机动车检验培训系列教材
ISBN 978-7-111-64422-4

Ⅰ.①机… Ⅱ.①崔…②姚… Ⅲ.①机动车 – 检测 – 技术培训 – 教材 Ⅳ.①U472.9

中国版本图书馆 CIP 数据核字（2019）第 286918 号

机械工业出版社（北京市百万庄大街 22 号　邮政编码 100037）
策划编辑：杜凡如　　责任编辑：杜凡如　刘　煊
责任校对：王　欣　　封面设计：张　静
责任印制：郜　敏
北京富资园科技发展有限公司印刷
2022 年 3 月第 1 版第 3 次印刷
184mm×260mm・10.25 印张・264 千字
3 001—3 300 册
标准书号：ISBN 978-7-111-64422-4
定价：38.00 元

电话服务	网络服务
客服电话：010 – 88361066	机　工　官　网：www.cmpbook.com
010 – 88379833	机　工　官　博：weibo.com/cmp1952
010 – 68326294	金　书　网：www.golden-book.com
封底无防伪标均为盗版	机工教育服务网：www.cmpedu.com

前 言

近些年来随着我国经济的蓬勃发展，家用汽车保有量以及道路运输车辆保有量都在快速增长。作为保障机动车安全的重要环节，机动车检验行业也随之取得了相适应的发展和进步。机动车检验机构随着机动车保有量的增加和社会化转型，其数量也在明显上升。为了适应机动车检验机构工作的标准化、专业化的要求，抑制检验行业不良现象的产生，近十几年来我国推出和更新了许多检验技术标准、设备计量标准、产品制造标准、联网标准以及与检验相关的法律法规。

为了适应检验机构以及检验人员的需求，石家庄华燕交通科技有限公司积极地与检验机构互动，希望通过专业培训与交流来增强检验机构从业人员的业务能力，使检验机构能够充分理解并执行好机动车检验任务。只有了解和掌握检测设备的修理、维护、调整、使用的知识，才能使检验设备更好地为检验机构服务，保障检验工作的顺利进行。同时通过交流，为设备制造厂商提高设备和软件的现场适应能力和协调性提供一手信息，从而更好地改进和提高系统设计、生产制造与服务的品质，为本行业健康稳定的发展做出应有的贡献。

本套培训系列教材出于上述目的着手编写。整套教材所述内容有设备结构原理、标准解读、检验流程、检验方法、计量要求等，涉及机动车安全技术检验、机动车尾气排放检验，以及道路运输车辆综合性能检验等层面。希望通过对机动车检验有关内容的梳理和整理，为检验人员提供一套有效且利用率较高的教材。本套系列教材会根据相关标准和法律法规的修订，积极更新其内容，使之与时俱进，以适应检验行业的不断发展。本书是系列教材中的一册，主要依据现行的检验标准以及各检测设备的计量标准、制造标准等编写。本书共分13章，前两章为机动车检验基础知识与汽车基础知识，其他部分为机动车检验所涉及的仪器设备内容，结合相关技术标准要求，阐述了机动车检验项目所涉及的设备的结构原理、标准检验流程与计量要求。

由于编者水平有限，书中难免有不妥之处，恳请读者批评指正，以便修订时更加完善。同时，对在本书编撰过程中给予关心和指导的行业领导及专家们表示衷心的感谢！

编　者

目 录

前言
第1章 机动车检验基础知识 \\\ 1
1.1 机动车检验诊断技术基础知识 \\\ 1
1.2 机动车的检验和试验概述 \\\ 3
1.3 机动车检验的法规和标准文件概述 \\\ 8

第2章 机动车基础知识 \\\ 18
2.1 机动车分类 \\\ 18
2.2 机动车总体构造 \\\ 30
2.3 发动机构造 \\\ 33
2.4 汽车传动系统 \\\ 42
2.5 汽车行驶系统 \\\ 46
2.6 汽车转向系统 \\\ 48
2.7 汽车制动系统 \\\ 50

第3章 车速表检验 \\\ 52
3.1 车速表检验台结构 \\\ 52
3.2 车速表检验台测试原理 \\\ 57
3.3 车速表检验方法 \\\ 57
3.4 车速表检验标准限值及误差原因分析 \\\ 58
3.5 车速表检验台计量检定 \\\ 60

第4章 汽车侧滑检验 \\\ 63
4.1 侧滑检验台结构 \\\ 64
4.2 侧滑检验台工作原理 \\\ 66
4.3 侧滑检验台检验方法 \\\ 68
4.4 侧滑检验标准限值及不合格原因分析 \\\ 69
4.5 侧滑检验台计量检定 \\\ 69

第5章 汽车轴（轮）重检验 \\\ 73
5.1 轴（轮）重检验台结构 \\\ 73
5.2 轴（轮）重测量原理 \\\ 74
5.3 轴（轮）重的检验方法 \\\ 74
5.4 轴（轮）重检验台计量检定 \\\ 74

第6章 机动车制动性能检验 \\\ 78
6.1 制动检验台的结构与工作原理 \\\ 78

6.2　制动检验方法　\\\　83
6.3　制动检验标准限值　\\\　87
6.4　制动检验不合格原因分析　\\\　88
6.5　滚筒反力式制动检验台计量检定　\\\　89
6.6　平板制动检验台计量检定　\\\　93

第7章　前照灯检验　\\\　100
7.1　前照灯检测仪的结构与工作原理　\\\　100
7.2　前照灯检验工作　\\\　105
7.3　前照灯检验标准限值及不合格原因分析　\\\　106
7.4　前照灯检测仪计量检定　\\\　107

第8章　转向盘力—角仪检验　\\\　112
8.1　转向盘力—角仪及检验方法　\\\　112
8.2　转向盘力—角仪计量校准　\\\　113

第9章　噪声检验　\\\　118
9.1　声级计结构与工作原理　\\\　118
9.2　噪声检验方法和数据分析　\\\　120
9.3　声级计计量检定规程及使用注意事项　\\\　121

第10章　汽车动力性检验　\\\　123
10.1　底盘测功机结构和基本功能　\\\　123
10.2　底盘测功机的检验原理　\\\　126
10.3　检验方法　\\\　128
10.4　底盘测功机计量检定　\\\　132

第11章　汽车悬架装置检验　\\\　138
11.1　汽车悬架装置检测台及检验方法　\\\　138
11.2　汽车悬架装置检测台计量校准　\\\　140

第12章　汽车燃料经济性检验　\\\　144
12.1　油耗仪结构与工作原理　\\\　144
12.2　燃料经济性检验方法和数据分析　\\\　145
12.3　油耗仪计量检定规程技术要求　\\\　148

第13章　其他设备　\\\　149
13.1　悬架转向系统间隙检查仪　\\\　149
13.2　自由滚筒　\\\　151
13.3　汽车摆正器　\\\　153

第 1 章 机动车检验基础知识

截至 2018 年底,全国机动车保有量达 3.27 亿辆,其中汽车 2.4 亿辆,小型载客汽车首次突破 2 亿辆;机动车驾驶人突破 4 亿人,达 4.09 亿人。机动车已经成为人们工作和生活的重要工具。近年来,随着我国机动车技术的发展,机动车产品的种类和型号有了大幅度扩充,使机动车的结构特征和技术特征出现明显变革。因此,机动车检验和诊断已经成为故障分析、维修质量评定、车辆技术状况定期检测中必不可少的环节。机动车检验和诊断技术也就成为更多的机动车维修和使用人员必备的技术和技能。

1.1 机动车检验诊断技术基础知识

1.1.1 机动车检验诊断技术的含义

机动车检验是对机动车技术状况进行定量或定性的评价,确定机动车技术状况或工作能力的检查。机动车检验是对无故障机动车进行性能测试,其目的是确定机动车整体技术状况或工作能力,检验机动车技术状态与标准值的相差程度、保障机动车行驶安全及防止公害。机动车检验主要内容是年度审验、维修质量评定、道路运输车辆等级评定、新车或改装车性能检验、进口机动车商品检验、安全与防止公害诸方面的性能检查。机动车检验的结果一是提出车辆维护、修理和使用的建议;二是预测使用寿命;三是监督和评定维护与修理质量;四是评定道路运输车辆等级、划分道路运输客车类型;五是交通、公安等主管部门发放有关证件。

机动车诊断一般是针对车辆在使用过程中的异常征兆和已经暴露的故障,分析异常征兆,确定故障的部位和产生原因。车辆诊断的主要对象是已经暴露故障和有异常征兆的车辆,其目的一是查明故障原因,二是确定车辆技术状况,包括推断车辆无故障时的技术状况。

机动车检验是车辆故障诊断的基础,只有进行认真的检测和分析才能准确查明故障原因。

1.1.2 机动车检验诊断的基本方法

机动车的检验与诊断是确定车辆技术状况的重要过程,既要有完善的检验、分析手段和方法，又要有正确的理论指导，也就是说机动车的检验和诊断既要选择使用与其目的相适应的途径、环境，又要选择合适的参数标准和最佳检验周期。

1. 机动车检验的基本方法

机动车检验的基本方法和项目根据其目的不同而不同。机动车检验的特点有预定的目的、固定的地点或场合、专门的工艺和设备、符合要求的环境、专业的技术人员、有目的的欲采集值和形态，是一种定期、定性或定项的检验。

目前，检验方法主要包括以下各项。

1）新车出厂检验。由专用的设备、设施及专业的人员，依据国家和行业相关标准与文件，针对各种车型的具体要求进行检验和检测，其作用是判断新车是否具备出厂条件。

2）检验机构检验。检验机构具有固定的设置、设施、设备和人员。机动车检验机构包括机动车安全技术检验机构、机动车排放检验机构和汽车综合性能检验机构。其检验目的主要是车辆年审、道路运输车辆的等级评定和客车类型划分、车辆安全与防止公害性能的检查、进口商品车检验、新车或改装车的性能检验。检验机构的检验一般应出具检测记录单与检验报告，目前交通部门对道路运输车辆的车辆等级评定、车辆维护检验、公安部门车辆的安全检验、环保部门的机动车污染物检验，都使用统一制式的检验单和报告单。

3）维修检验。这类检验是工艺过程的检验，主要是维修厂对承修车辆接车检验、拆解过程中的零件检验、修复过程后的量值检验、装配过程中的总成检验、整车维修竣工检验。维修过程检验的记录单（表）一般由企业自定。车辆维修的进出厂检验由专职检验员完成，工位检验由质检员或主修工完成。根据管理部门要求，车辆大修企业和车辆维护企业应设置符合要求的检测工位和设备配置。

4）车辆使用的例行检验。这类检验主要是运输企业对在用车辆的技术状况的例行检验，其主要形式是车辆出入场检验，目的是检查车辆的技术状况、保障车辆的技术状态良好和运行安全，一般设有专职人员和专用设备设施。

2. 机动车故障诊断的基本方法

机动车故障诊断是对汽车技术状况进行检查、分析、判断等一系列活动，包括对机动车性能指标进行检验，目的是查明故障的原因及确定故障部位。机动车故障诊断方法一般分为人工诊断、仪器设备诊断和自诊断。

随着对机动车各种性能要求的不断提高，机动车故障诊断参数的精确度也越来越高。因而，机动车故障诊断已经从传统的定性分析向现代的定量分析发展，仪器分析诊断法获得了广泛应用，它可以对机动车故障做出准确判断和定量分析，利用仪器设备对机动车进行多参数动态分析，可以迅速准确地判断出机动车复杂的综合故障。

（1）人工诊断

传统的汽车故障诊断是建立在人工经验检查基础上的，主要通过眼看、耳听、手摸、鼻闻等途径，依赖于人工观察、推理分析和逻辑判断，其诊断结果经常需要结合解体作业进行查验。

人工诊断凭诊断人员的经验进行，不需用专用检测设备，可随时随地应用，投资少，见效快，但速度慢、准确性差，不能定量分析，对检验人员技术和经验要求高。

(2) 仪器设备诊断

仪器设备诊断是在汽车不解体的情况下进行的。利用各种检测仪器和设备获取汽车的各种数据，诊断过程自动进行，并据此来判断汽车的技术状况。其优点是诊断速度快、准确性高、能定量分析；缺点是投资大、成本高，诊断操作人员需要专业培训。

(3) 自诊断法

自诊断法是指利用汽车电控单元（ECU）的自诊断功能进行故障诊断的方法。其原理是利用检测电路来检测传感器、执行器以及微处理器的各种实际参数，并将其与存储器中的标准数据进行比较，从而判定系统是否存在故障。当判定系统存在故障时，电控单元将故障信息以故障码的形式存入存储器，并控制警告灯发出警告信号。自诊断法需要通过一定的操作方法，把汽车电控系统中电控单元的故障码提取出来，然后通过查阅相应的"故障码表"来确定故障的部位和原因。

1.2 机动车的检验和试验概述

机动车的检验和试验主要用于新制造车辆性能的检验、在用车辆等级评定和维修后的竣工检验，以及车辆安全、污染物、总成、构件等的专项检验。其目的和作用主要是通过检验和试验的方法，对整车和总成、系统的性能做出判断，通过检验结果对产品结构质量做出评价。它是车辆使用和管理中非常重要的技术措施和步骤，是技术规范实施中必备的重要程序。

1.2.1 机动车检验的分类

按照目的的不同，机动车检验大致分为以下几类。

1. 新产品定型试验

新产品定型试验主要包括新设计或改进设计的试制样车，在产品定型之前的全面性检验，以及在大批量生产之前，以小批量生产的样车的检验。前者要根据生产纲领规定的检验内容，在样车定型后投产前进行适应性和使用性检验，是一种全面性检验，既要在不同的地区和不同的环境下进行。后者主要是对定型车辆的设计性能、材料以及工艺品质的测试，小批量的检验有时根据情况可以一批次或分几批次进行。定型试验以道路试验为主。定型试验中样车不允许出现重大损坏、性能恶化，以及维修频繁等情况。

2. 质量检验

质量检验是对目前生产的车辆定期进行检验，目的是检验产品质量的稳定性，及时发现产品质量存在的问题。一般检验比较简单，根据检验对象，可以进行道路检验，也可以采用台架检验。本检验主要针对用户在使用中提出的问题进行检验。具体的试验要按照有关规定执行。

3. 车辆等级评定检验

车辆等级评定是道路运输车辆管理的一项重要内容，检验项目为，评定车辆的唯一性、动力性、燃料经济性、制动性、转向操纵性、悬架特性、前照灯功能、车速表指示误差、车轮阻滞率、喇叭功能、排放性。车辆等级评定需要以人工检验与仪器设备试验检测相结合，必要时需要辅以道路试验检测。

4. 在用车维修检验

在用车维修检验包含维修前和维修竣工检验。车辆维修前进行的诊断性检验，主要是根据驾驶人和人工检验情况，对车辆实行不解体检测诊断，以确定维修作业项目。汽车维修竣工检验主要是对汽车维修的作业质量进行评定。本检验是以人工检验与仪器设备检验相结合，必要时辅以路试。

5. 定期检验

定期检验是由公安部交管局、交通运输部、生态环境部机动车管理部门要求，对在用车辆进行的周期性检验。

6. 安全技术检验

机动车安全技术检验，是指根据《中华人民共和国道路交通安全法》及其实施条例的规定，按照国家机动车安全技术检验标准和检定规程等技术规范要求，对上路行驶的机动车进行检验、检测的活动。

（1）机动车安全技术检验的种类

依据不同的标准，机动车安全技术检验活动可分为不同的种类。

根据时机不同，机动车安全技术检验可分为新车注册登记检验和在用车定期检验。新车注册登记检验，是指机动车新车在上路行驶前，依据法律、法规、规范性文件以及有关标准的规定，所进行的安全性能方面的技术检验和检测。道路交通管理部门，依据机动车安全技术检验机构出具的车辆检验合格证明，办理上路行驶登记注册。依据我国法律规定，未注册登记的机动车一律不得上路行驶。但是，经国家机动车产品主管部门，依据国家机动车安全技术标准认定的企业生产的车型，该车型的新车在出厂时经检验符合国家机动车安全技术标准，已获得检验合格证，免于注册登记检验。在用车定期检验，是指在用车辆依照法律、法规、规范性文件以及有关标准的规定，在规定的周期内，定期对车辆的安全性进行的检验。根据车辆用途、载客数量、车辆类型、使用年限等不同情况，车辆检验的周期也不同。

根据性质不同，机动车安全技术检验可分为常规检验和特殊检验。所谓常规检验，是指对一般上路行驶的车辆依法进行的例行检验，如新车注册登记安全技术检验和在用机动车定期安全技术检验。所谓特殊检验，是指对有特殊情况发生的车辆，为达到特定目的的有针对性的检验，如对肇事车辆进行的责任判定检验；对改装车辆进行的改装后安全性能是否达到国家标准要求的检验。

在安全技术检验概念以外的机动车检验还有许多种类。例如：依据检验内容不同，可分为专项检验和全项检验；依据委托主体不同，可分为委托检验和指定检验；依据委托依据不同，可分为依合同的检验和依法律规定的检验；依据检验目的的不同，可分为符合性检验和性能对比性检验等。

（2）机动车安全技术检验的特征

1）强制性。根据《中华人民共和国道路交通安全法》和《中华人民共和国道路交通安全法实施条例》的规定，准予登记的机动车应当符合国家机动车安全技术标准，车辆所有人申请机动车上路行驶登记时，应当接受对该机动车的安全技术检验，并向道路交通管理部门出具上路行驶机动车检验合格证明。未经检验或不能出具检验合格证明的，交通管理部门不予登记，不准许上路行驶。对在用的上路行驶机动车，应当依照法律、行政法规的规定，根据车辆用途、载客载货数量、使用年限等不同情况，定期进行安全技术检验，在法定期限内未送检或检验不合格的车辆，依法不能上路行驶。法律的这种规定，使得对上路行驶机动车安全技术检验成为一种强制性法律义务，机动车所有人不依法履行送检义务，将会产生相应的法律后果。因此，机动车安全技术检验具有强制性。

2）法定性。法定性是指机动车安全技术检验活动，从检验主体、检验标的、检验内容、检验程序以及检验结果等方面具有明确的法律确定性。主体的法定性，是指安检机构的法定性。安检机构必须依照有关法律、法规和《机动车安全技术检验机构管理规定》的规定，取得安检机构资格许可证书，方可在许可的范围内从事相关机动车安全技术检验活动。未取得安检机构资格许可证书的，一律不得从事机动车安全技术检验活动。检验标的的法定性，是指被检车辆必须是上路行驶的机动车辆。检验内容的法定性，是指机动车安全技术检验项目应当是仅就上路行驶的机动车辆安全需要所设置的必检项目。检验程序的法定性，是指机动车安全技术检验工作是一项严谨的技术活动，只有严格按照技术规范进行检验，其数据才能够保证科学性和准确性。

3）时间性。依据法律、法规规定，应当依法进行初次检验和定期检验。初次检验，是指机动车新车在注册登记时必须经法定检验机构检验合格后方可进行登记注册，未经注册登记的机等车一律不得上路行驶。定期检验，是指在用车辆应从注册登记之日起，根据车辆用途、载客载货的数量、使用年限等不同情况，按照法定检验周期进行的检验。未送检或检验不合格的，在机动车年审时为审查不合格，年审不合格车辆在下一个季度一律不得继续上路行驶。根据车辆安全需要，不同车型的检验周期不同。目前我国对车辆检验周期的规定主要有以下几种：

① 营运载客汽车 5 年以内每年检验 1 次；超过 5 年的，每 6 个月检验 1 次。

② 载货汽车和大型、中型非营运载客汽车 10 年以内每年检验 1 次；超过 10 年的，每 6 个月检验 1 次。

③ 小型、微型非营运载客汽车 6 年以内每 2 年检验 1 次；超过 6 年的，每年检验 1 次；超过 15 年的，每 6 个月检验 1 次。

④ 摩托车 4 年以内每 2 年检验 1 次；超过 4 年的，每年检验 1 次。

⑤ 拖拉机和其他机动车每年检验 1 次。

依据《关于印发〈关于加强和改进机动车检验工作的意见〉的通知〔公交管（2014）138 号〕》：

试行非营运轿车等车辆 6 年内免检。自 2014 年 9 月 1 日起，试行 6 年以内的非营运轿车和其他小型、微型载客汽车（面包车、7 座及 7 座以上车辆除外）免检制度。对注册登记 6 年以内的非营运轿车和其他小型、微型载客汽车（面包车、7 座及 7 座以上车辆除外），每 2 年需要定期检验时，机动车所有人提供交通事故强制责任保险凭证、车船税纳税或者免征证明后，可以直接向公安机关交通管理部门申请领取检验标志，无需到检验机构进行安全技术检验。申请前，机动车所有人应当将涉及该车的道路交通安全违法行为和交通事故处理完毕。但车辆如果发生过造成人员伤亡的交通事故的，仍应按原规定的周期进行检验。上述车辆注册登记超过 6 年（含 6 年）的，仍按规定每年检验 1 次；超过 15 年（含 15 年）的，仍按规定每年检验 2 次。公安机关交通管理部门要在地市和县级车辆管理所、交通管理服务站、交通违法处理窗口等场所，设置核发检验标志窗口，方便群众就近快捷领取检验标志。

（3）检验项目

1) 人工检验项目：联网查询、车辆唯一性检查、车辆特征参数检查、车辆外观检查、安全装置检查、底盘动态检验、车辆底盘部件检查。

2) 仪器设备项目：速度表检验、制动检验、侧滑检验、前照灯检验。

（4）检验方法

执行 GB 21861—2014《机动车安全技术检验项目和方法》。

（5）建站能力要求

1) GB/T 35347—2017《机动车安全技术检测站》。

2) RB/T 218—2017《检验检测机构资质认定能力评价 机动车检验机构要求》。

3) 国质检监〔2015〕163 号令《检验检测机构资质认定管理办法》。

7. 综合性能检验

综合性能检验是道路运输车辆技术管理的主要内容。它是检查、鉴定车辆技术状况和维修质量的重要手段，是促进维修技术发展，实现视情修理的重要保证。综合性能检验包括：汽车动力性、安全性、燃料经济性、使用可靠性、污染物排放和噪声，以及整车装备完整性与状态等多种技术性能检验。

（1）服务功能要求

1) 接受委托，对道路运输车辆技术状况及性能进行检验和评定。

2) 接受委托，对车辆维修竣工质量进行检验。

3) 接受委托，对车辆改装、改造、技术评估以及相关新技术、科研鉴定等项目进行检验。

4) 接受交通、公安、环保、商检、质检、保险、司法等部门和机构的委托，依据相关标准对车辆进行规定项目的检验与核查。

（2）车辆维护的分类

1) 日常维护：以清洁、补给和安全性能检视为中心内容的维护作业。

2) 一级维护：除日常维护作业外，以润滑、紧固为作业中心内容，并检查有关制动、操纵等系统中的安全部件的维护作业。

3) 二级维护：除一级维护作业外，以检查、调整制动系、转向操纵系、悬架等安全部件，并拆检轮胎，进行轮胎换位，检查调整发动机工作状况和汽车排放相关系统等为主的维护作业。

（3）检验项目

属交通运输部监管，对所有道路运输车辆实施二级维护、技术等级评定汽车大修竣工质量检验等。检测项目有：动力性、燃料经济性、制动性、车轮阻滞率、排放性、悬架、前照灯、车速表、侧滑量、喇叭。

检验项目、方法、标准：执行 GB 18565—2016《道路运输车辆综合性能要求和检验方法》。

联网标准：执行 JT/T 478—2017《汽车检验机构计算机控制系统技术规范》。

技术等级评定：执行 JT/T 198—2016《道路运输车辆技术等级划分和评定要求》。

建站能力要求：执行 GB/T 17993—2017《汽车综合性能检验机构能力的通用要求》。

8. 环保检验

随着汽车工业的不断发展和车辆保有量的增加，机动车污染已成为我国空气污染的重要来源，是造成细颗粒物、光化学烟雾污染的重要原因，机动车污染防治的紧迫性日益凸显。

为了控制机动车尾气排放对空气质量的污染，国家先后制定了在用车排放的新标准 GB 18285—2018、GB 3847—2018，控制新车和在用车排放，减少机动车对空气质量的影响。

在国外，对在用车实施 I/M（Inspection and Maintenance）制度已经相当普遍，I/M 制度从车辆出厂直至报废始终跟踪执行。通过定期的诊断故障、维护修理，保证机动车动力性始终完好，尾气排放始终达标。我国的 I/M 制度也在建立过程中，一些城市已经初步建立起对在用车辆的检测、监管体系。尾气检验一般分为定期检验、抽查检验、路检等。

1.2.2　机动车试验的分类

按照方法的不同，机动车的试验可以分为以下几类。

1. 道路试验

车辆在实际使用的道路或田间条件下现场试验，试验条件比较符合实际使用情况，可全面考核车辆实际技术性能，所以这是最真实、直接、可信的检验车辆性能的方法。目前，一些检测项目和一些特种车辆的试验检测还无法由台架试验替代，因此在一定情况下，道路试验有不可替代的作用。但道路试验的影响因素多，环境条件不易控制，受车上空间条件的限制，传感器的安装及测试参数的记录处理比较困难。近年来，已陆续开发了多种高性能的小型传感器和电子仪器以及记录仪器用于现场记录。此外，还发展了遥测系统，使道路和田间试验技术更趋完善。

道路试验的条件对道路的选择、环境及气象要求、试验用车辆的要求、试验及驾驶员要求，相关法规上都有详细规定。

道路试验的仪器主要包括五轮仪、非接触速度仪、记录仪、松软土壤参数测量仪、负荷测量车等。

道路试验对车辆每一项性能的试验方法都有规定程序，对试验数据的搜集都有明确技术要求，对所采集数据分析的方法有多种选择。分析的过程要考虑综合因素，要与设计大纲和质量标准综合对照。

2. 台架试验

台架试验是在试验台上测试整车或某总成性能参数的一种方法。这种方法容易控制试验条件。随着计算机技术在试验台上的应用，试验台随机调控工况、随机对数据进行实时采集和分析的方法已广泛应用，部分试验已能用较高精度模拟车辆的道路试验。

台架试验是对在用车辆的主要检测手段，在机动车检验机构和修理厂大量使用。

3. 试验场试验

机动车试验场是设置有比实际道路更恶劣的形式条件和各种典型道路环境的场地。试验场试验方法一般是对预先制订的项目进行试验，按照试验规范，在规定的形式条件下进行。机动车试验场试验方法多用于综合性能试验，尤其是进行可靠性试验较多。对于某些试验项目，试验场可以进行强化试验，以缩短试验周期，提高试验结果的可比性。

1.3 机动车检验的法规和标准文件概述

近年来，国家及相关行业主管部门先后发布了若干标准，这些标准对机动车检验过程中涉及的检验项目、检验方法和检验标准给出了一系列规定，在本节中我们进了归纳和整理，以便于检验机构人员学习与提高。

1.3.1 法规和标准分类

为阅读与理解方便，本书对法规标准作了如下分类：
法规文件：机动车检验有关部门法规、文件。
技术方法：机动车检验有关方法、评价标准。
产品制造：针对检测设备制造制订的产品制造标准。
计量检定：计量部门对检测设备定期检验所用标准。根据产品制造标准中对设备检测精度的相关要求，专门制订的定期检验技术要求和检验方法。在计量部门进行设备检定时，首先执行的计量标准为JJG、JJF，无JJG及JJF标准规程的设备，参考相关部门标准执行。

1.3.2 法规文件

1)《中华人民共和国道路交通安全法》
2)《中华人民共和国大气污染防治法》
3)《中华人民共和国环境保护法》
4)《中华人民共和国计量法》
5)《中华人民共和国计量法实施细则》
6)《中华人民共和国产品质量法》
7)《中华人民共和国标准化法》
8)《中华人民共和国道路交通安全法实施条例》
9)《中华人民共和国道路运输条例》
10)《机动车登记规定（公安部令2012第124号）》
11)《关于严格进口汽车注册登记工作的通知〔公交管（2013）95号〕》
12)《关于印发〈关于加强和改进机动车检验工作的意见〉的通知〔公交管（2014）138号〕》
13)《关于做好 GB 1589—2016〈汽车、挂车及汽车列车外廓尺寸、轴荷及质量限值〉贯彻实施工作的通知〔公交管（2016）686号〕》
14)《关于做好 GB 7258—2017〈机动车运行安全技术条件〉贯彻实施工作的通知〔公交管（2017）673号〕》
15)《计量器具型式批准管理目录〔国质检（2006）145号公告〕》

16)《检验检测机构资质认定管理办法〔国质检监（2015）163号令〕》

17)《关于进一步规范排放检验，加强机动车环境监督管理工作的通知〔国环规大气（2016）2号〕》

18)《关于开展机动车和非道路移动机械环保信息公开工作的公告〔国环规大气（2016）3号〕》

19)《在用机动车排放检验信息系统及联网规范（试行）〔环办大气函（2016）2101号〕》

20)《道路运输车辆燃料消耗量检测和监督管理办法（交通部令2009第11号）》

21)《交通运输部、国家发展改革委、教育部、公安部、环境保护部、住房城乡建设部、商务部、国家工商总局、国家质检总局、中国保监会十部委联合发布的《关于促进汽车维修业转型升级服务质量的指导意见》〔交运发（2014）186号〕》

22)《道路运输车辆技术管理规定（交通部令2016第1号）》

23)《交通运输部 公安部 质检总局关于加快推进道路货运车辆检验检测改革工作的通知〔交运发（2017）207号〕》

24)《交通运输部办公厅关于做好推进道路货运车辆检验检测改革工作的通知〔交办运（2018）21号〕》

1.3.3 技术方法

（1）安全技术检验

GB 7258—2017《机动车运行安全技术条件》

GB 21861—2014《机动车安全技术检验项目和方法》

GB 34659—2017《汽车和挂车防飞溅系统性能要求和测量方法》

GA 1186—2014《机动车安全技术检验监管系统通用技术条件》

GB/T 26765—2011《机动车安全技术检验业务信息系统及联网规范》

GB/T 33191—2016《机动车安全技术检测仪器设备计算机控制与通讯技术条件》

GB/T 35179—2017《在用电动汽车安全行驶性能台架检验方法》

GB/T 35347—2017《机动车安全技术检测站》

GB/T 35349—2017《汽车驻车制动性能检验方法》

GB/T 36220—2018《运油车辆和加油车辆安全技术条件》

（2）排放检验

GB 3847—2018《柴油车污染物排放限值及测量方法（自由加速法及加载减速法）》

GB 18285—2018《汽油车污染物排放限值及测量方法（双怠速法及简易工况法）》

GB 19758—2005《摩托车和轻便摩托车排气烟度排放限值及测量方法》

GB 14621—2011《摩托车和轻便摩托车排气污染物排放限值及测量方法（双怠速法）》

GB 14622—2016《摩托车污染物排放限值及测量方法（中国第四阶段）》

GB 18322—2002《农用运输车自由加速烟度排放限值及测量方法》

GB 18352.5—2013《轻型汽车污染物排放限值及测量方法（中国第五阶段）》

GB 18352.6—2016《轻型汽车污染物排放限值及测量方法（中国第六阶段）》

GB 17691—2018《重型柴油车污染物排放限值及测量方法（中国第六阶段）》

（3）综合性能检验

GB 18565—2016《道路运输车辆综合性能要求和检验方法》
GB/T 18276—2017《汽车动力性台架试验方法和评价指标》
GB/T 18566—2011《道路运输车辆燃料消耗量检测评价方法》
GB/T 17993—2017《汽车综合性能检验机构能力的通用要求》
GB/T 16739.1—2014《汽车维修业开业条件 1—汽车整车维修企业》
GB/T 16739.2—2014《汽车维修业开业条件 2—汽车综合小修及专项维修业户》
GB/T 18344—2016《汽车维护、检测、诊断技术规范》
GB/T 35782—2017《道路甩挂运输车辆技术条件》
JT/T 198—2016《道路运输车辆技术等级划分和评定要求》
JT/T 478—2017《汽车检验机构计算机控制系统技术规范》
JT/T 497—2004《乘用车悬架特性检测和评定方法》
JT/T 510—2004《汽车防抱死制动系统检测技术条件》
JT/T 711—2016《营运客车燃料消耗量限值及测量方法》
JT/T 719—2016《营运货车燃料消耗量限值及测量方法》
JT/T 1094—2016《营运客车安全技术条件》
JT/T 1178.1—2018《营运货车安全技术条件》
QC/T 476—2007《客车防雨密封性限值及试验方法》

1.3.4 产品制造

（1）安全技术检验
GB/T 13564—2005《滚筒反力式汽车制动检验台》
GB/T 13563—2007《滚筒式汽车车速表检验台》
GB/T 28529—2012《平板式制动检验台》
GB/T 28945—2012《便携式制动性能测试仪》
GB/T 28946—2012《移动式摩托车安全技术检测线》
GB/T 34592—2017《汽车转向盘转向力—转向角检测仪》
JT/T 507—2004《汽车侧滑检验台》
JT/T 508—2015《机动车前照灯检测仪》
GA/T 1402—2017《机动车外廓尺寸自动测量装置》
GA/T 1434—2017《机动车查验检验智能终端通用技术条件》
（2）排放检验
JT/T 506—2004《不透光烟度计》
HJ/T 289—2006《汽油车双怠速法排气污染物测量设备技术要求》
HJ/T 291—2006《汽油车稳态工况法排气污染物测量设备技术要求》
HJ/T 290—2006《汽油车简易瞬态工况法排气污染物测量设备技术要求》
HJ/T 292—2006《柴油车加载减速工况法排气烟度测量设备技术要求》
HJ/T 395—2007《压燃式发动机汽车自由加速法法排气烟度测量设备技术要求》
HJ/T 396—2007《点燃式发动机汽车瞬态工况法排气污染物测量设备技术要求》
JT/T 386.1—2017《机动车排气分析仪 第 1 部分：点燃式机动车排气分析仪》

(3) 综合性能检验

JT/T 448—2001《汽车悬架装置检测台》

JT/T 445—2008《汽车底盘测功机》

JT/T 649—2006《多功能制动性能检验台技术条件》

JT/T 633—2005《汽车悬架转向系间隙检查仪》

JT/T 1012—2015《车辆外廓尺寸检测仪》

JT/T 1013—2015《碳平衡法汽车燃料消耗量检测仪》

JT/T 632—2018《汽车故障电脑诊断仪》

1.3.5 计量检定

注：JJG 为国家技术监督部门制定的国家计量规程，JJG（交通）为交通部门制定的交通部门计量规程。若有相应 JJG 标准，则 JJG（交通）不再列出。

(1) 安全技术检验

JJG 1014—2006《机动车检测专用轴（轮）重仪检定规程》

JJG 908—2009《滑板式汽车侧滑检验台检定规程》

JJG 909—2009《滚筒式汽车车速表检验台检定规程》

JJG 906—2015《滚筒反力式制动检验台检定规程》

JJG 745—2016《机动车前照灯检测仪检定规程》

JJG 188—2017《声级计检定规程》

JJG 277—2017《标准声源检定规程》

JJG 1020—2017《平板式制动检验台检定规程》

JJF 1196—2008《机动车方向盘转向力—转向角检测仪校准规范》

JJF 1168—2007《便携式制动性能测试仪校准规范》

JJF 1169—2007《汽车制动操纵力计校准规范》

JJG 144—2007《标准测力仪检定规程》

JJF 1193—2008《非接触式汽车速度计校准规范》

JJF 1225—2009《汽车用透光率计校准规范》

JJF 1671—2017《机动车驻车制动性能测试装置校准规范》

(2) 排放检验

JJG 847—2011《滤纸式烟度计检定规程》

JJG 976—2010《透射式烟度计检定规程》

JJG 688—2017《汽车排放气体测试仪检定规程》

JJF 1221—2009《汽车排气污染物检测用底盘测功机校准规范》

JJF 1227—2009《汽油车稳态加载污染物排放检测系统校准规范》

JJF 1664—2017《温度显示仪校准规范》

(3) 综合性能检验

JJG 653—2003《测功装置》

JJF 1141—2006《汽车转向角检验台校准规范》

JJF 1192—2008《汽车悬架装置检测台校准规范》

JJF 1670—2017《质量法油耗仪校准规范》
JJG（交通）127—2015《碳平衡法汽车燃料消耗量检测仪检定规程》

1.3.6　GB 7258、GB 21861、GB 18565 引用标准

GB 811《摩托车成员头盔》
——现行版本 GB 811—2010　2010 年 11 月 10 日发布　2011 年 5 月 1 日实施
GB 1589《汽车、挂车及汽车列车外廓尺寸、轴荷及质量限值》
——现行版本 GB 1589—2016　2016 年 7 月 26 日发布　2016 年 7 月 26 日实施
GB/T 3181《漆膜颜色标准》
——现行版本 GB/T 3181—2008　2008 年 6 月 6 日发布　2008 年 12 月 1 日实施
GB/T 3730.2《道路车辆 质量 词汇和代码》
——现行版本 GB/T 3730.2—1996　1996 年 12 月 23 日发布　1997 年 7 月 1 日实施
GB/T 3730.3《汽车和挂车的术语及其定义　车辆尺寸》
——现行版本 GB/T 3730.2—1992　1992 年 8 月 15 日发布　1993 年 4 月 1 日实施
GB 3847《车用压燃式发动机和压燃式发动机汽车排气烟度排放限值及测量方法》
——现行版本 GB 3847—2018　柴油车污染物排放限值及测量方法（自由加速法及加载减速法）
2018 年 9 月 27 日发布　2019 年 5 月 1 日实施
GB/T 2408—2008《塑料 燃烧性能的测定 水平法和垂直法》
——现行版本 GB/T 2408—2008　2008 年 8 月 4 日发布　2009 年 4 月 1 日实施
GB 4094《汽车操纵件、指示器及信号装置的标志》
——现行版本 GB 4094—2016　2016 年 12 月 30 日发布　2019 年 7 月 1 日实施
GB/T 4094.2《电动汽车操纵件、指示器及信号装置的标志》
——现行版本 GB 4094.2—2017　2017 年 9 月 29 日发布　2019 年 7 月 1 日实施
GB 4599《汽车用灯丝灯泡前照灯》
——现行版本 GB4599—2007　2007 年 11 月 1 日发布　2008 年 6 月 1 日实施
GB 4785《汽车及挂车外部照明和光信号装置的安装规定》
——现行版本 GB 4785—2007　2007 年 11 月 1 日发布　2008 年 6 月 1 日实施
GB 5948《摩托车白炽丝光源前照灯配光性能》
——现行版本 GB 5948—1998　1998 年 10 月 19 日发布　1999 年 10 月 1 日实施
GB 7258《机动车运行安全技术条件》
——现行版本 GB 7258—2017　2017 年 9 月 29 日发布　2018 年 1 月 1 日实施
GB 7956.1《消防车 第 1 部分：通用技术条件》
——现行版本 GB 7956.1—2014　2014 年 9 月 3 日发布　2015 年 7 月 1 日实施
GB 8108《车用电子警报器》
——现行版本 GB 8108—2014　2014 年 12 月 5 日发布　2015 年 7 月 1 日实施
GB/T 8196《机械安全　防护装置 固定式和活动式防护装置设计与制造一般要求》
——现行版本 GB/T 8196—2003　2003 年 3 月 13 日发布　2003 年 9 月 1 日实施
GB 8410《汽车内饰材料的燃烧特性》

——现行版本 GB 8410—2006　2006 年 1 月 18 日发布　2006 年 7 月 1 日实施
GB 9656《汽车安全玻璃》
——现行版本 GB 9656—2004　2003 年 4 月 23 日发布　2004 年 4 月 1 日实施
GB 10396《农林拖拉机和机械、草坪和园艺动力机械 安全标志和危险图形 总则》
——现行版本 GB 10396—2006　2006 年 3 月 29 日发布　2006 年 11 月 1 日实施
GB 11567《汽车和挂车侧面和后下部防护要求》
——代替了 GB 11567.1—2001 和 GB 11567.2—2001
现行版本 GB 11567—2017　2017 年 9 月 29 日发布　2018 年 1 月 1 日实施
GB/T 12428《客车装载质量计算方法》
——现行版本 GB/T 12428—2005　2005 年 5 月 23 日发布　2005 年 10 月 1 日实施
GB/T 12544《汽车最高车速试验方法》
——现行版本 GB/T 12544—2012　2012 年 12 月 31 日发布　2013 年 7 月 1 日实施
GB 12676《商用车辆和挂车制动系统技术要求及试验方法》
——现行版本 GB 12676—2014　2014 年 10 月 10 日发布　2015 年 7 月 1 日实施
GB 13057《客车座椅及其车辆固定件的强度》
——现行版本 GB 13057—2014　2014 年 10 月 10 日发布　2015 年 7 月 1 日实施
GB 13094《客车结构安全要求》
——现行版本 GB 13094—2017　2017 年 10 月 14 日发布　2018 年 1 月 1 日实施
GB 13365《机动车排气火花熄灭器》
——现行版本 GB 13365—2005　2005 年 4 月 22 日发布　2005 年 12 月 1 日实施
GB 13392《道路运输危险货物车辆标志》
——现行版本 GB 13392—2005　2005 年 4 月 22 日发布　2005 年 8 月 1 日实施
GB/T 13594《机动车和挂车防抱制动性能和试验方法》
——现行版本 GB/T 13594—2003　2003 年 7 月 1 日发布　2003 年 12 月 1 日实施
GB 13954《警车、消防车、救护车、工程救险车标志灯具》
——现行版本 GB 13954—2009　2009 年 11 月 15 日发布　2010 年 5 月 1 日实施
GB 14166《机动车乘员用安全带、约束系统、儿童约束系统和 ISOFIX 儿童约束系统》
——现行版本 GB 14166—2013　2013 年 5 月 7 日发布　2014 年 1 月 1 日实施
GB 14167《汽车安全带安装固定点、ISOFIX 固定点系统及上拉带固定点》
——现行版本 GB 14167—2013　2013 年 5 月 7 日发布　2014 年 1 月 1 日实施
GB/T 14172《汽车静侧翻稳定性台架试验方法》
——现行版本 GB/T 14172—2009　2009 年 3 月 23 日发布　2010 年 1 月 1 日实施
GB 15084《机动车辆 间接视野装置性能和安装要求》
——现行版本 GB 15084—2013　2013 年 9 月 18 日发布　2014 年 7 月 1 日实施
GB 15365《摩托车和轻便摩托车操纵件、指示器及信号装置的图形符号》
——现行版本 GB 15365—2008　2008 年 12 月 31 日发布　2009 年 7 月 1 日实施
GB 16735《道路车辆 车辆识别代号（VIN）》
——现行版本 GB 16735—2004　2004 年 6 月 21 日发布　2004 年 10 月 1 日实施
GB 17352《摩托车和轻便摩托车后视镜的性能和安装要求》

——现行版本 GB 17352—2011　2011 年 1 月 10 日发布　2012 年 1 月 1 日实施

GB 17578《客车上部结构强度的要求及实验方法》

——现行版本《GB 17578—2013　2013 年 9 月 13 日发布　2014 年 7 月 1 日实施》

GB/T 17676《天然气汽车和液化石油气汽车 标志》

——现行版本 GB/T 17676—1999　1999 年 2 月 14 日发布　2000 年 1 月 1 日实施

GB 18100.1《摩托车照明和光信号装置的安装规定 第 1 部分：两轮摩托车》

——现行版本 GB 18100.1—2010　2011 年 1 月 10 日发布　2012 年 1 月 1 日实施

GB 18100.2《摩托车照明和光信号装置的安装规定 第 2 部分：两轮轻便摩托车》

——现行版本 GB 18100.2—2010　2011 年 1 月 10 日发布　2012 年 1 月 1 日实施

GB 18100.3《摩托车照明和光信号装置的安装规定 第 3 部分：三轮摩托车》

——现行版本 GB 18100.3—2010　2011 年 1 月 10 日发布　2013 年 1 月 1 日实施

GB/T 18276《汽车动力性台架试验方法和评价指标》

——现行版本 GB/T 18276—2017　2017 年 10 月 14 日发布　2018 年 5 月 1 日实施

GB 18285《汽油车污染物排放限值及测量方法（双怠速法及简易工况法）》

——现行版本 GB 18285—2018　2018 年 9 月 27 日发布　2019 年 5 月 1 日实施

GB/T 18411《道路车辆　产品标牌》

——现行版本 GB/T 18411—2018 机动车产品标牌　2018 年 6 月 7 日发布　2019 年 1 月 1 日实施

GB 18447.1《拖拉机　安全要求　第 1 部分：轮式拖拉机》

——现行版本 GB 18447.1—2008　2008 年 2 月 26 日发布　2008 年 10 月 1 日实施

GB 18564.1《道路运输液体危险货物罐式车辆 第 1 部分：金属常压罐体技术要求》

——现行版本 GB 18564.1—2006　2006 年 7 月 19 日发布　2006 年 11 月 1 日实施

GB 18564.2《道路运输液体危险货物罐式车辆 第 2 部分：非金属常压罐体技术要求》

——现行版本 GB 18564.2—2008　2008 年 12 月 11 日发布　2009 年 7 月 1 日实施

GB/T 18566《道路运输车辆燃料消耗量检测评价方法 》

——现行版本 GB/T 18566—2011　2011 年 9 月 29 日发布　2012 年 3 月 1 日实施

GB/T 18697《声学 汽车车内噪声测量方法》

——现行版本 GB/T 18697—2002　2002 年 3 月 26 日发布　2002 年 12 月 1 日实施

GB/T 19056《汽车行驶记录仪》

——现行版本 GB/T 19056—2012　2012 年 6 月 29 日发布　2012 年 9 月 1 日实施

GB 19151《机动车用三角警告牌》

——现行版本 GB 19151—2003　2003 年 5 月 23 日发布　2003 年 11 月 1 日实施

GB 19152《发射对称近光和/或远光的机动车前照灯》

——现行版本 GB 19152—2016　2016 年 12 月 30 日发布　2017 年 1 月 1 日实施

GB 19578《乘用车燃料消耗量限值》

——现行版本 GB 19578—2014　2014 年 12 月 22 日发布　2016 年 1 月 1 日实施

GB 20074《摩托车和轻便摩托车外部凸出物》

——现行版本 GB 20074—2017　2017 年 11 月 1 日发布　2018 年 1 月 1 日实施

GB 20075《摩托车乘员扶手》

——现行版本 GB 20075—2006 2006 年 1 月 18 日发布 2006 年 7 月 1 日实施

GB 20300《道路运输爆炸品和剧毒化学品车辆安全技术条件》

——现行版本 GB 20300—2006 2006 年 7 月 19 日发布 2006 年 11 月 1 日实施

GB 20997《轻型商用车辆燃料消耗量限值》

——现行版本 GB 20997—2015 2015 年 12 月 31 日发布 2018 年 1 月 1 日实施

GB 21259《汽车用气体放电光源前照灯》

——现行版本 GB 21259—2007 2007 年 11 月 1 日发布 2008 年 6 月 1 日实施

GB 21668《危险货物运输车辆结构要求》

——现行版本 GB 21668—2008 2008 年 4 月 25 日发布 2008 年 11 月 1 日实施

GB 21670《乘用车制动系统技术要求和试验方法》

——现行版本 GB 21670—2008 2008 年 4 月 25 日发布 2008 年 11 月 1 日实施

GB 23254《货车及挂车 车身反光标识》

——现行版本 GB 23254—2009 2009 年 3 月 6 日发布 2009 年 7 月 1 日实施

GB 24315《校车标识》

——现行版本 GB 24315—2009 2009 年 9 月 30 日发布 2010 年 1 月 1 日实施

GB 24406《专用校车座椅系统及其车辆固定件的强度》

——现行版本 GB 24406—2012 2012 年 4 月 10 日发布 2012 年 5 月 1 日实施

GB 24407《专用校车安全技术条件》

——现行版本 GB 24407—2012 2012 年 4 月 10 日发布 2012 年 5 月 1 日实施

GB/T 24545《车辆车速限制系统技术要求》

——现行版本 GB/T 24545—2009 2009 年 10 月 30 日发布 2010 年 7 月 1 日实施

GB/T 25978《道路车辆 标牌和标签》

——现行版本 GB/T 25978—2018 2018 年 5 月 14 日发布 2018 年 12 月 1 日实施

GB 25990《车辆尾部标志板》

——现行版本 GB 25990—2010 2011 年 1 月 10 日发布 2012 年 1 月 1 日实施

GB 25991《汽车用 LED 前照灯》

——现行版本 GB 25991—2010 2011 年 1 月 10 日发布 2012 年 1 月 1 日实施

GB 26511《商用车前下部防护要求》

——现行版本 GB 26511—2011 2011 年 5 月 12 日发布 2013 年 1 月 1 日实施

GB 26512《商用车驾驶室乘员保护》

——现行版本 GB 26512—2011 2011 年 5 月 12 日发布 2012 年 1 月 1 日实施

GB/T 26765《机动车安全技术检验业务信息系统及联网规范》

——现行版本 GB/T 26765—2011 2011 年 7 月 20 日发布 2012 年 2 月 1 日实施

GB/T 26774《车辆运输车通用技术条件》

——现行版本 GB/T 26774—2016 2016 年 7 月 26 日发布 2016 年 7 月 26 日实施

GB/T 26778《汽车列车性能要求及试验方法》

——现行版本 GB/T 26778—2011 2011 年 7 月 20 日发布 2012 年 1 月 1 日实施

GB/T 30036《汽车自适应前照明系统》

——现行版本 GB/T 30036—2013 2013 年 9 月 27 日发布 2014 年 7 月 1 日实施
GB 30678《客车用安全标志和信息符号》
——现行版本 GB 30678—2014 2014 年 12 月 31 日发布 2015 年 7 月 1 日实施
GB/T 31883《道路车辆 牵引连接件、牵引杆孔、牵引座牵引销、连接钩及环形孔 机械连接件使用磨损极限》
——现行版本 GB/T 31883—2015 2015 年 9 月 11 日发布 2015 年 12 月 1 日实施
GB 34655《客车灭火装备配置要求》
——现行版本 GB 34655—2017 2017 年 10 月 14 日发布 2018 年 1 月 1 日实施
GA 524《2004 式警车汽车类外观制式涂装规范》
——现行版本 GA 524—2004 2004 年 12 月 27 日发布 2005 年 1 月 1 日实施
GA 525《2004 式警车摩托车类外观制式涂装规范》
——现行版本 GA 525—2004 2004 年 12 月 27 日发布 2005 年 1 月 1 日实施
GA 923《公安特警专用车辆外观制式涂装规范》
——现行版本 GA 923—2011 2011 年 1 月 31 日发布 2011 年 3 月 1 日实施
GA 1264《公共汽车客舱固定灭火系统》
——现行版本 GA 1264—2015 2015 年 6 月 29 日发布 2015 年 8 月 1 日实施
GA 36《中华人民共和国机动车号牌》
——现行版本 GA 36—2014 2014 年 1 月 24 日发布 2014 年 1 月 24 日实施
GA 802《机动车术语 类型和定义》
——现行版本 GA 802—2014 2014 年 7 月 24 日发布 2014 年 9 月 1 日实施
GA 804《机动车号牌专用固封装置》
——现行版本 GA 804—2008 2008 年 9 月 19 日发布 2009 年 1 月 1 日实施
GA 1186《机动车安全技术检验监管系统通用技术条件》
——现行版本 GA 1186—2014 2014 年 9 月 15 日发布 2014 年 12 月 1 日实施
JT/T 325《营运客车类型划分及等级评定》
——现行版本 JT/T 325—2018 2018 年 5 月 22 日发布 2018 年 8 月 1 日实施
JT/T 445《汽车底盘测功机》
——现行版本 JT/T 445—2008 2008 年 9 月 5 日发布 2008 年 12 月 1 日实施
JT/T 711《营运客车燃料消耗量限值及测量方法》
——现行版本 JT/T 711—2016 2016 年 12 月 30 日发布 2017 年 4 月 1 日实施
JT/T 719《营运货车燃料消耗量限值及测量方法》
——现行版本 JT/T 719—2016 2016 年 12 月 30 日发布 2017 年 4 月 1 日实施
JT/T 789《道路用挂运输车辆技术条件》
——现行版本 JT/T 789—2010 2010 年 12 月 8 日发布 2011 年 3 月 1 日实施
JT/T 794《道路运输车辆卫星定位系统车载终端技术要求》
——现行版本 JT/T 794—2011 2011 年 2 月 28 日发布 2011 年 5 月 8 日实施
QC 414《汽车电线（电缆）的颜色规定和型号编制方法》
——现行版本 QC 414—2016 2016 年 4 月 5 日发布 2016 年 9 月 1 日实施
QC/T 29106《汽车电线束技术条件》

——现行版本 QC/T 29106—2014　2014 年 5 月 6 日发布　2014 年 10 月 1 日实施

1.3.7　资质认定

RB/T 213—2017《检验检测机构资质认证能力评价　评审员管理要求》
RB/T 214—2017《检验检测机构资质认定能力评价　检验检测机构通用要求》
RB/T 218—2017《检验检测机构资质认定能力评价　机动车检验机构要求》

第 2 章 机动车基础知识

2.1 机动车分类

2.1.1 GB 7258—2017 确定的机动车分类

GB 7258—2017《机动车运行安全技术条件》是我国机动车运行安全管理的最基本的技术标准。根据 GB 7258—2017，机动车是指由动力装置驱动或牵引、上道路行驶的供人员乘用或运送物品，以及进行工程专项作业的轮式车辆，包括汽车及汽车列车、摩托车、拖拉机运输机组、轮式专用机械车、挂车。

GB 7258—2017 确定的机动车分类及定义见表 2-1。

表 2-1 GB 7258—2017 确定的机动车分类和定义

序号	机动车类型	分 类			
1	汽车 motor vehicle	（1）载客汽车 passenger vehicle	① 乘用车 passenger car		
			② 旅居车 motor caravan		
			③ 客车 bus	a 未设置乘客站立区的客车 pubilic bus without standing passenger area	公路客车 长途客车 interurban bus
					旅游客车 touring bus
					未设置乘客站立区的公共汽车 pubilic bus without standing passenger area
					专用客车 special bus
				b 设有乘客站立区的客车 bus with standing passenger area	
			④ 校车 school bus	a 幼儿校车 school bus for infants	
				b 小学生校车 school bus for primary student	
				c 中小学生校车 school bus for primary and middle school student	
				d 专用校车 special school bus	

(续)

序号	机动车类型	分类		
1	汽车 motor vehicle	（2）载货汽车 goods vehicle	① 半挂牵引车 semi-trailer towing vehicle	
			② 低速汽车 low-speed vehicle	三轮汽车 tri-wheel vehicle
				低速货车 低速载货汽车 low-speed goods vehicle
		（3）专项作业车 专用作业车 special motor vehicle		
		（4）气体燃料汽车 gaseous fuel vehicle		
		（5）两用燃料汽车 bi-fuel vehicle		
		（6）双燃料汽车 dual-fuel vehicle		
		（7）纯电动汽车 battery electric vehicle		
		（8）插电式混合动力汽车 plug-in hybrid electric vehicle		
		（9）燃料电池汽车 fuel cell electric vehicle		
		（10）教练车 training vehicle		
		（11）残疾人专用汽车 vehicle for handicapped driving		
2	挂车 trailer	（1）牵引杆挂车 全挂车 draw-bar trailer		
		（2）中置轴挂车 centre axle trailer		
		（3）半挂车 semi-trailer		
		（4）旅居挂车 caravan		
3	汽车列车 combination of vehicles	（1）乘用车列车 passenger/car trailer combination		
		（2）货车列车 goods road train	① 牵引杆挂车列车 全挂拖斗车 全挂汽车列车 draw-bar trailer combination	
			② 中置轴挂车列车 centre axle trailer combination	
		（3）铰接列车 半挂汽车列车 articulated vehicle		
4	危险货物运输车辆 road transportation vehicle for dangerous goods			
5	摩托车 motorcycle and moped	（1）普通摩托车 motorcycle	① 两轮普通摩托车 motorcycle with two wheels	
			② 边三轮摩托车 motorcycle with sidecar	
			③ 正三轮摩托车 right three-wheeled motorcycle	
		（2）轻便摩托车 moped	① 两轮轻便摩托车 moped with two wheels	
			② 正三轮轻便摩托车 right three-wheeled moped	
6	拖拉机运输机组 tractor towing trailer for transportation			
7	轮式专用机械车 轮式自行机械车 wheeled mobile machinery for special purposes			
8	特型机动车 special-sized vehicle			

定义：
1 汽车：由动力驱动、具有四个或四个以上车轮的非轨道承载的车辆，包括与电力线相连的车辆（如无轨电车）；主要用于：
——载运人员和/或货物（物品）；
——牵引载运货物（物品）的车辆或特殊用途的车辆；

（续）

——专项作业。

本术语还包括以下由动力驱动、非轨道承载的三轮车辆：

a) 整车整备质量超过 400kg、不带驾驶室、用于载运货物的三轮车辆；

b) 整车整备质量超过 600kg、不带驾驶室、不具有载运货物结构或功能且设计和制造上最多乘坐 2 人（包括驾驶人）的三轮车辆；

c) 整车整备质量超过 600kg 的带驾驶室的三轮车辆。

1.1 载客汽车：设计和制造上主要用于载运人员的汽车，包括装置有专用设备或器具但以载运人员为主要目的的汽车。

1.1.1 乘用车：设计和制造上主要用于载运乘客及其随身行李和/或临时物品的汽车，包括驾驶人座位在内最多不超过 9 个座位。它可以装置一定的专用设备或器具，也可以牵引一辆中置轴挂车。

1.1.2 旅居车：装备有睡具（可由桌椅转换而来）及其他必要的生活设施、用于旅行宿营的汽车。

1.1.3 客车：设计和制造上主要用于载运乘客及其随身行李的汽车，包括驾驶人座位在内座位数超过 9 个。根据是否设置有站立乘客区，分为未设置乘客站立区的客车和设有乘客站立区的客车。

1.1.3.1 未设置乘客站立区的客车：设计和制造上无乘客站立区、不允许乘客站立、全体乘客均乘坐在座位上或卧睡的客车，包括公路客车、旅游客车、未设置乘客站立区的公共汽车、专用客车等。

1.1.3.1.1 公路客车 长途客车：为城间（城乡）运输乘客设计和制造、专门从事旅客运输的客车；包括卧铺客车，即设计和制造供全体乘客卧睡的客车。

1.1.3.1.2 旅游客车：为旅游设计和制造、专门用于运送游客的客车。

1.1.3.1.3 未设置乘客站立区的公共汽车：为城市内运输乘客设计和制造，有固定的公交营运线路和车站，主要在城市道路运营的客车。

1.1.3.1.4 专用客车：设计和制造上用于载运特定人员并完成特定功能的客车，如专用校车，也包括装置有专用设备或器具，座位数（包括驾驶人座位）超过 9 个的专用汽车。

1.1.3.2 设有乘客站立区的客车：最大设计车速小于 70km/h、设有座椅及乘客站立区，并有足够的空间供频繁停站时乘客上下车走动，有固定的公交营运线路和车站，主要在城市建成区运营的客车；也包括无轨电车，即以电机驱动，与电力线相连的客车。

1.1.4 校车：用于有组织地接送 3 周岁以上学龄前幼儿或接受义务教育的学生上下学的 7 座以上的载客汽车。

1.1.4.1 幼儿校车：接送 3 周岁以上学龄前幼儿上下学的校车。

1.1.4.2 小学生校车：接送小学生上下学的校车。

1.1.4.3 中小学生校车：接送九年制义务教育阶段学生（小学生和初中生）上下学的校车。

1.1.4.4 专用校车：设计和制造上专门用于运送 3 周岁以上学龄前幼儿或义务教育阶段学生的专用客车。

1.2 载货汽车 货车：设计和制造上主要用于载运货物或牵引挂车的汽车，也包括：

a) 装置有专用设备或器具但以载运货物为主要目的的汽车；

b) 由非封闭式货车改装的，虽装置有专用设备或器具，但不属于专项作业车的汽车。

注：封闭式货车是指载货部位的结构为封闭厢体且与驾驶室联成一体，车身结构为一厢式或两厢式的载货汽车。

1.2.1 半挂牵引车：装备有特殊装置用于牵引半挂车的汽车。

1.2.2 低速汽车：三轮车和低速货车的总称。

1.2.2.1 三轮汽车：最大设计车速小于或等于 50km/h 的，具有三个车轮的载货汽车。

1.2.2.2 低速货车 低速载货汽车：最大设计车速小于 70km/h 的，具有四个车轮的载货汽车。

1.3 专项作业车 专用作业车：装置有专用设备或器具，在设计和制造上用于工程专项（包括卫生医疗）作业的汽车，如汽车起重机、消防车、混凝土泵车、清障车、高空作业车、扫路车、吸污车、钻机车、仪器车、检测车、监测车、电源车、通信车、电视车、采血车、医疗车、体检医疗车等，但不包括装置有专用设备或器具而座位数（包括驾驶人座位）超过 9 个的汽车（消防车除外）。

1.4 气体燃料汽车：装备以石油气、天然气或煤气等气体为燃料的发动机的汽车。

1.5 两用燃料汽车：具有两套相互独立的燃料供给系统，且两套燃料供给系统可分别但不可同时向燃烧室供给燃料的汽车，如汽油/压缩天然气两用燃料汽车、汽油/液化石油气两用燃料汽车等。

1.6 双燃料汽车：具有两套燃料供给系统，且两套燃料供给系统按预定的配比向燃烧室供给燃料，在缸内混合燃烧的汽车，如柴油—压缩天然气双燃料汽车、柴油—液化石油气双燃料汽车等。

1.7 纯电动汽车：由电机驱动，且驱动电能来源于车载可充电能量储存系统（REESS）的汽车。

1.8 插电式混合动力汽车：具有可外接充电功能，且有一定纯电驱动模式续驶里程的混合动力汽车，包括增程式电动汽车。

(续)

1.9 燃料电池汽车：以燃料电池作为主要动力电源的汽车。

1.10 教练车：专门从事驾驶技能培训的汽车。

1.11 残疾人专用汽车：在采用自动变速器的乘用车上加装符合标准和规定的驾驶辅助装置，专门供特定类型的肢体残疾人驾驶的汽车。

2 挂车：设计和制造上需由汽车或拖拉机牵引，才能在道路上正常使用的无动力道路车辆，包括牵引杆挂车、中置轴挂车和半挂车，用于：

——载运货物；

——特殊用途。

2.1 牵引杆挂车 全挂车：至少有两根轴的挂车，具有以下特点：

———轴可转向；

——通过角向移动的牵引杆与牵引车联结；

——牵引杆可垂直移动，联结到底盘上，因此不能承受任何垂直力。

2.2 中置轴挂车：牵引装置不能垂直移动（相对于挂车），车轴位于紧靠挂车的重心（当均匀载荷时）的挂车，这种车辆只有较小的垂直静载荷作用于牵引车，不超过相当于挂车最大质量的10%或10000N的载荷（两者取较小者）。其中一轴或多轴可由牵引车来驱动。

2.3 半挂车：均匀受载时挂车质心位于车轴前面，装有可将垂直力和/或水平力传递到牵引车的联结装置的挂车。

2.4 旅居挂车：装备有睡具（可由桌椅转换而来）及其他必要的生活设施、用于旅行宿营的挂车，包括中置轴旅居挂车和旅居半挂车。

3 汽车列车：由汽车（低速汽车除外）牵引挂车组成，包括乘用车列车、货车列车和铰接列车。

3.1 乘用车列车：乘用车和中置轴挂车的组合。

3.2 货车列车：货车和牵引杆挂车或中置轴挂车的组合。

3.2.1 牵引杆挂车列车 全挂拖斗车 全挂汽车列车：货车和牵引杆挂车的组合。

3.2.2 中置轴挂车列车：货车和中置轴挂车的组合。

3.3 铰接列车 半挂汽车列车：半挂牵引车和半挂车的组合，也包括带有连接板的货车和旅居半挂车的组合。

4 危险货物运输车辆：设计和制造上用于运输危险货物的货车、挂车、汽车列车。

5 摩托车：由动力装置驱动的，具有两个或三个车轮的道路车辆，但不包括：

a）整车整备质量超过400kg、不带驾驶室、用于载运货物的三轮车辆；

b）整车整备质量超过600kg、不带驾驶室、不具有载运货物结构或功能且设计和制造上最多乘坐2人（包括驾驶人）的三轮车辆；

c）整车整备质量超过600kg的带驾驶室的三轮车辆；

d）最大设计车速、整车整备质量、外廓尺寸等指标符合相关国家标准和规定的，专供残疾人驾驶的机动轮椅车；

e）符合电动自行车国家标准规定的车辆。

5.1 普通摩托车：无论采用何种驱动方式，其最大设计车速大于50km/h，或如使用内燃机，其排量大于50mL，或如使用电驱动，其电机额定功率总和大于4kW的摩托车，包括两轮普通摩托车、边三轮摩托车、正三轮摩托车。

5.1.1 两轮普通摩托车：车辆纵向中心平面上装有两个车轮的普通摩托车。

5.1.2 边三轮摩托车：在两轮普通摩托车的右侧装有边车的摩托车。

5.1.3 正三轮摩托车：装有三个车轮，其中一个车轮在纵向中心平面上，另外两个车轮与纵向中心平面对称布置的普通摩托车，包括：

a）装有与前轮对称分布的两个后轮的摩托车，且如设计和制造上允许载运货物或超过2名乘员（含驾驶人），其最大设计车速小于70km/h；

b）装有与后轮对称分布的两个前轮、设计和制造上不具有载运货物结构且最多乘坐2人（包括驾驶人）的摩托车。

5.2 轻便摩托车：无论采用何种驱动方式，其最大设计车速不大于50km/h的摩托车，且：

——如使用内燃机，其排量不大于50mL；

——如使用电驱动，其电机额定功率总和不大于4kW。

5.2.1 两轮轻便摩托车：车辆纵向中心平面上装有两个车轮的轻便摩托车。

5.2.2 正三轮轻便摩托车：装有与前轮对称分布的两个后轮的轻便摩托车。

6 拖拉机运输机组：由拖拉机牵引一辆挂车组成的用于载运货物的机动车，包括轮式拖拉机运输机组和手扶拖拉机运输机组。

(续)

注1：本标准所指的拖拉机是指最高设计车速不大于20km/h、牵引挂车方可从事道路货物运输作业的手扶拖拉机，和最高设计车速不大于40km/h、牵引挂车方可从事道路货物运输作业的轮式拖拉机。

注2：手扶拖拉机运输机组还包含手扶变型运输机，即发动机12h标定功率不大于14.7kW，采用手扶拖拉机底盘，将扶手把改成转向盘，与挂车连在一起组成的折腰转向式运输机组。

7 轮式专用机械车 轮式自行机械车：有特殊结构和专门功能，装有橡胶车轮可以自行行驶，最大设计车速大于20km/h的轮式机械，如装载机、平地机、挖掘机、推土机等，但不包括叉车。

8 特型机动车：质量参数和/或尺寸参数超出 GB 1589—2016《汽车、挂车及汽车列车外廓尺寸、轴荷及质量限值》规定的汽车、挂车、汽车列车。

2.1.2　公安交通管理部门使用的机动车分类

在 GB 7258－2017《机动车运行安全技术条件》、GA 802－2014《机动车类型 术语和定义》及其他相关标准的基础上，公安部文件《机动车登记工作规范》对机动车分类进一步给出了明确的规定，按照机动车类型术语和定义标准，确定机动车的车辆类型和使用性质，签注机动车行驶证等证件，具体参见表2-2、表2-3。

表2-2　机动车规格术语分类表

分类			说明③
汽车	载客汽车①	大型	车长大于或等于6000mm 或者乘坐人数大于或等于20人的载客汽车
		中型	车长小于6000mm且乘坐人数为10～19人的载客汽车
		小型	车长小于6000mm且乘坐人数小于或等于9人的载客汽车，但不包括微型载客汽车
		微型	车长小于等于3500mm且发动机气缸总排量小于或等于1000 mL的载客汽车
	载货汽车	重型	最大允许总质量（以下简称"总质量"）大于或等于12000kg的载货汽车
		中型	车长大于或等于6000mm 或者总质量大于或等于4500kg且小于12000kg的载货汽车，但不包括低速货车
		轻型	车长小于6000mm且总质量小于4500kg的载货汽车，但不包括微型载货汽车和低速汽车（三轮汽车和低速货车的总称，下同）
		微型	车长小于或等于3500mm且总质量小于或等于1800kg的载货汽车，但不包括低速汽车
		三轮（三轮汽车）	以柴油机为动力，最大设计车速小于或等于50km/h，总质量小于或等于2000kg，长小于或等于4600mm，宽小于或等于1600mm，高小于或等于2000mm，具有三个车轮的货车。其中，采用转向盘转向、由传递轴传递动力、有驾驶室且驾驶人座椅后有物品放置空间的，总质量小于或等于3000kg，车长小于或等于5200mm，宽小于或等于1800mm，高小于或等于2200mm。三轮汽车不应具有专项作业的功能
		低速（低速货车）	以柴油机为动力，最大设计车速小于70km/h，总质量小于或等于4500kg，长小于或等于6000mm，宽小于或等于2000mm，高小于或等于2500mm，具有四个车轮的货车。低速货车不应具有专项作业的功能
		专项作业车	专项作业车的规格术语分为重型、中型、轻型、微型，具体参照载货汽车的相关规定确定

(续)

分类		说　明③
有轨电车		有轨电车的规格术语参照载客汽车的相关规定确定
摩托车	普通	最大设计车速大于 50km/h 或者发动机气缸总排量大于 50mL 的摩托车
	轻便	最大设计车速小于或等于 50km/h，且若使用发动机驱动，发动机气缸总排量小于或等于 50mL 的摩托车
挂车②	重型	总质量大于或等于 12000kg 的挂车
	中型	总质量大于或等于 4500kg 且小于 12000kg 的挂车
	轻型	总质量小于 4500kg 的挂车

① 对《道路机动车辆生产企业及产品公告》记载的乘坐人数为区间的国产载客汽车（包括以载运人员为主要目的的专用汽车），以《道路机动车辆生产企业及产品公告》上记载的乘坐人数上限确定其规格术语。乘坐人数包括驾驶人。
② 不适用于设计和制造上需由拖拉机牵引的挂车。
③ 机动车实车的车长与《道路机动车辆生产企业及产品公告》，或者其他技术资料记载的机动车车长的公差，应符合相关管理规定。

表 2-3　机动车的结构术语分类表

分类			说　明
汽车	载客汽车	普通客车	车身为长方体或近似长方体，单层地板，一厢或两厢式结构，安装座椅的载客汽车，但不包括面包车
		双层客车	车身为长方体或近似长方体，双层地板，一厢或两厢式结构，安装座椅的载客汽车
		卧铺客车	车身为长方体或近似长方体，单层地板，一厢或两厢式结构，安装卧铺的载客汽车
		铰接客车	车身为长方体或近似长方体，单层地板，由铰接装置连接两个车厢且连通，安装座椅的载客汽车
		轿车	车身结构为两厢式且乘坐人数不超过 5 人，或者车身结构为三厢式且乘坐人数小于等于 9 人的载客汽车
		面包车	平头或短头车身结构，单层地板，发动机中置（指发动机缸体整体位于汽车前后轴之间的布置形式），宽高比（指整车车宽与车高的比值）小于等于 0.90，乘坐人数小于等于 9 人，安装座椅的载客汽车
		专用校车	设计和制造上专门用于运送 3 周岁以上学龄前幼儿或义务教育阶段学生的载客汽车
		专用客车	需经特殊布置安排后才能载运人员（通常为特定人员）的载客汽车，如囚车、殡仪车、救护车、客车整车改装的运钞车等，包括旅居车、乘坐人数大于 6 人的专用汽车（如电力工程车），但不包括专用校车
		无轨电车①	以电动机驱动，与电力线相连，具有四个或四个以上车轮的非轨道承载道路车辆
		越野客车①	车身结构为一厢式或者两厢式，所有车轮能够同时驱动，接近角、离去角、纵向通过角、最小离地间隙等技术参数按照高通过性设计的载客汽车

（续）

分类			说明
汽车	载货汽车②	普通货车	载货部位的结构为栏板的载货汽车（包括具有随车起重装置的栏板载货汽车），但不包括具有自动倾卸装置的载货汽车
		厢式货车	载货部位的结构为厢体且与驾驶室各自独立的载货汽车；厢体的顶部应封闭、不可开启
		仓栅式货车	载货部位的结构为仓笼式或栅栏式且与驾驶室各自独立的载货汽车；载货部位的顶部应安装有与侧面栅栏固定的、不能拆卸和调整的顶篷杆
		封闭货车	载货部位的结构为封闭厢体且与驾驶室联成一体，车身结构为一厢式或两厢式的载货汽车
		罐式货车	载货部位的结构为封闭罐体的载货汽车
		平板货车	载货部位的地板为平板结构且无栏板的载货汽车
		集装箱车	载货部位为框架结构，专门运输集装箱的载货汽车
		车辆运输车	载货部位经过特殊设计和制造，专门用于运输商品车的载货汽车
		特殊结构货车	载货部位为特殊结构、专门运输特定物品的载货汽车，但不包括车辆运输车。如：混凝土搅拌运输车
		自卸货车③	载货部位的结构为栏板且具有自动倾卸装置的载货汽车
		半挂牵引车	不具有载货结构，专门用于牵引半挂车的载货汽车
		全挂牵引车	不具有载货结构，专门用于牵引全挂车的载货汽车
	专项作业车	无载货功能的专项作业车（非载货专项作业车）	不具有载货结构，或者虽具有载货结构但核定载质量小于1000kg 的专项作业车
		有载货功能的专项作业车（载货专项作业车）	核定载质量大于等于1000kg 的专项作业车
摩托车		二轮摩托车	装有两个车轮的摩托车
		正三轮载客摩托车	装有与前轮对称分布的两个后轮，具有载客装置的摩托车
		正三轮载货摩托车	装有与前轮对称分布的两个后轮，具有载货装置的摩托车
		侧三轮摩托车	在二轮摩托车的右侧装有边车的摩托车
全挂车		普通全挂车	载货部位为栏板结构的全挂车
		厢式全挂车	载货部位为封闭厢体结构的全挂车；厢体的顶部应封闭、不可开启
		仓栅式全挂车	载货部位的结构为仓笼式或栅栏式的全挂车；载货部位的顶部安装有与侧面栅栏固定的、不能拆卸和调整的顶篷杆
		罐式全挂车	载货部位为封闭罐体结构的全挂车
		平板全挂车	载货部位的地板为平板结构且无栏板的全挂车
		集装箱全挂车	载货部位为框架结构且无地板，专门运输集装箱的全挂车

(续)

分类		说明
全挂车	自卸全挂车③	载货部位的结构为栏板且具有自动倾卸装置的全挂车
	旅居全挂车	装备有必要的生活设施，用于旅游和野外工作人员宿营的全挂车
	专项作业全挂车	装置有专用设备或器具，用于专项作业的全挂车
中置轴挂车	中置轴旅居挂车	装备有必要的生活设施，用于旅游和野外工作人员宿营的中置轴挂车
	中置轴车辆运输车	设计和制造上专门用于运输商品车的并装双轴框架式中置轴挂车
	中置轴普通挂车	中置轴旅居挂车和中置轴车辆运输车以外的其他中置轴挂车
半挂车	普通半挂车	载货部位为栏板结构的半挂车
	厢式半挂车	载货部位为封闭厢体结构的半挂车；厢体的顶部应封闭、不可开启
	仓栅式半挂车	载货部位的结构为仓笼式或栅栏式的半挂车；载货部位的顶部应安装有与侧面栅栏固定的、不能拆卸和调整的顶篷杆
	罐式半挂车	载货部位为封闭罐体结构的半挂车
	平板半挂车	载货部位的地板为平板结构且无栏板的半挂车
	集装箱半挂车	载货部位为框架结构且无地板，专门运输集装箱的半挂车
	自卸半挂车③	载货部位的结构为栏板且具有自动倾卸装置的半挂车
	低平板半挂车	采用低货台（货台承载面离地高度不大于1150mm）、轮胎规格最大为8.25－20（8.25R20）、与牵引车的连接为鹅颈式，且车长大于等于13m时车轴为轴线结构（一线二轴或二线四轴等）的半挂车
	车辆运输半挂车	载货部位经过特殊设计和制造，专门用于运输商品车的半挂车
	特殊结构半挂车	载货部位为特殊结构，专门运输特定物品的半挂车，但不包括车辆运输半挂车
	旅居半挂车	装备有必要的生活设施，用于旅游和野外工作人员宿营的半挂车
	专项作业半挂车	装置有专用设备或器具，用于专项作业的半挂车
轮式专用机械车	轮式装载机械	具有装卸设备的轮胎式自行机械
	轮式挖掘机械	具有挖掘设备的轮胎式自行机械
	轮式平地机械	具有平地设备的轮胎式自行机械

① 符合无轨电车或越野客车结构术语定义的汽车，即使同时符合其他客车结构术语的定义，也应确定为无轨电车或越野客车；同时符合两者结构术语定义的汽车，应确定为无轨电车。
② 邮政车、冷藏车、保温车等以载运货物为主要目的的专用汽车，以及非客车整车改装的运钞车，根据其载货部位的结构特征确定为相对应的载货汽车。
③ 货车、全挂车和半挂车的载货部位为非栏板结构时，若载货部位具有自动倾卸装置，结构术语确定为"载货部位的结构特征+自卸"，如"平板自卸"。

除了上述分类标准外，公安交通管理部门还按照使用性质对机动车进行分类，详见表2-4。

表2-4 机动车使用性质细类表

分类		说明
营运	公路客运	专门从事公路旅客运输的机动车
	公交客运	城市内专门从事公共交通客运的机动车

(续)

分类		说明
营运	出租客运	以行驶里程和时间计费,将乘客运载至其指定地点的机动车
	旅游客运	专门运载游客的机动车
	租赁	专门租赁给其他单位或者个人使用,以租用时间或者租用里程计费的机动车
	教练	专门从事驾驶技能培训的机动车
	货运	专门从事货物(危险货物除外)运输的机动车
	危化品运输	专门用于运输剧毒化学品、爆炸品、放射性物品、腐蚀性物品等危险化学品的机动车
非营运[①]	警用	公安机关、国家安全机关、监狱、劳动教养管理机关和人民法院、人民检察院用于执行紧急职务的机动车
	消防	公安消防部队和其他消防部门用于灭火的专用机动车和现场指挥机动车
	救护	急救、医疗机构和卫生防疫部门用于抢救危重病人或处理紧急疫情的专用机动车
	工程救险	防汛、水利、电力、矿山、城建、交通、铁道等部门用于抢修公用设施、抢救人民生命财产的专用机动车和现场指挥机动车
	营转非	原为营运机动车,现改为非营运机动车
	出租转非	原为出租客运机动车,现改为非营运机动车
运送学生	运送幼儿 (幼儿校车)	用于有组织地接送3周岁以上学龄前幼儿上下学的7座及7座以上载客汽车
	运送小学生 (小学生校车)	用于有组织地接送小学生上下学的7座及7座以上载客汽车
	运送中小学生 (中小学生校车)	用于有组织地接送义务教育阶段学生(小学生和初中生)上下学的7座及7座以上载客汽车
	运送初中生 (初中生校车)	用于有组织地接送初中生上下学的7座及7座以上载客汽车

① 非营运机动车没有对应细类的,使用性质确定为"非营运"。除使用性质确定为"非营运""营转非""出租转非"以外的机动车,为生产经营性车辆。

车辆类型说明如下。

① 车辆类型根据机动车规格术语和机动车结构术语相加确定,规格术语在前,结构术语在后,如"大型普通客车""中型罐式货车""重型专项作业车""重型集装箱半挂车""普通二轮摩托车"等。但低速货车的结构术语在前,规格术语在后,如"普通低速货车""厢式低速货车""罐式低速货车"等。轿车按照其规格术语确定为"大型轿车""小型轿车"和"微型轿车"。

② 无对应的规格术语时,车辆类型按照结构术语确定,如"轮式装载机械"。

③ 三轮汽车无对应的结构术语,其车辆类型统一为"三轮汽车"。除三轮汽车外的其他汽车,其结构特征无对应的结构术语时,车辆类型按照机动车规格术语及最相近的结构术语相加确定。

④ 有轨电车无对应的结构术语,其车辆类型根据规格术语确定,如"大型有轨电车"。

2.1.3 检测标准涉及的车辆分类的概念

GB 18285—2018《汽油车污染物排放限值及测量方法（双怠速法及简易工况法）》对车辆类型做了一些定义，具体内容如下：

（1）轻型汽车

指最大总质量不超过3500kg的M_1类、M_2类和N_1类车辆。

（2）M_1、M_2、N_1类车辆

按GB/T 15089—2016《机动车辆及挂车分类》规定：

M_1类车指包括驾驶员座位在内，座位数不超过9座的载客汽车。

M_2类车指包括驾驶员座位在内座位数超过9座，且最大设计总质量不超过5000kg的载客汽车。

N_1类车指最大设计总质量不超过3500kg的载货汽车。

（3）重型汽车

指最大总质量超过3500kg的汽车。

2.1.4 术语与含义

1. 国产汽车型号编制规则

1988年国家颁布了国家标准GB 9417—1988《汽车产品型号编制规则》（注：本标准已作废，但无替代标准，仅供参考）。国产汽车型号应能表明汽车的厂牌、类型和主要特征参数等。该项国家标准规定，国家汽车型号均应由汉语拼音字母和阿拉伯数字组成。汽车型号包括如下几部分：

（1）第一部分

企业名称代号：由2个或3个汉语拼音字母组成，是识别企业名称的代号。例如：CA代表第一汽车制造厂，EQ代表第二汽车制造厂，TJ代表天津汽车制造厂等。

（2）第二部分

车辆类别代号：由用一位阿拉伯数字表示，代表该车的类型。

（3）第三部分

主参数代号：用两位阿拉伯数字来表示不同车辆种类的主要特征参数。第二部分和第三部分总结见表2-5。

表2-5 车辆类别代号及主要特征参数

类别代号	车辆种类（参数及单位）	类别代号	车辆种类（参数及单位）	类别代号	车辆种类（参数及单位）
1	载货汽车（总质量t）	4	牵引汽车（总质量t）	7	轿车（排气量0.1L）
2	越野汽车（总质量t）	5	专用汽车	8	
3	自卸汽车（总质量t）	6	客车（总长度0.1m）	9	半挂车及专用半挂车（总质量t）

（4）第四部分

产品序号：位于第四位，用阿拉伯数字表示，代表产品的序号，依次选取0、1、2、3、4……来表示。

有些车在四位数字后还有一些字母，这些字母没有准确的定义，是由产生厂家自定义的。

（5）第五部分

专用汽车分类代号：对专用汽车及专用半挂车，还应增加专用汽车分类代号，专用汽车分类代号位于产品的第五部分，用反映车辆结构特征和用途的三个汉语拼音字母表示，结构特征代号见表2-6。

表2-6 结构特征代号

厢式汽车	罐式汽车	专用自卸汽车	起重举升汽车	仓栅汽车	特种结构汽车
X	G	Z	J	C	T

图2-1为汽车产品编号的图示。

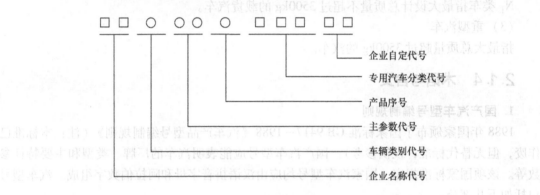

图2-1 汽车产品编号

下面我们举几个例子：

BJ2020S——BJ 代表北京汽车制造厂，2 代表越野车，02 代表该车总质量为2t，0 代表该车为第一代产品，S 为厂家自定义。

TJ7131U——TJ 代表天津汽车制造厂，7 代表轿车，13 代表排气量为1.3L，1 代表该车为第二代产品，U 为厂家自定义。

注意：最后一位数字读者较易弄错，0 代表的是第一代产品，1 代表的是第二代产品。对于客车，总长度大于10m 的，主要特征参数单位按1m 表述。

2. 轮胎规格

例如，轮胎：195/65 R14 88H 或者 195/65H R15 88 可以解释为：

胎宽 ·· 195mm
胎厚与胎宽的百分比 ··· 65%
轮毂直径 ··· 15in
载重系数 ·· 88
速度系数 ··· H

一般来说，了解［胎宽］/［胎厚与胎宽的百分比］R［轮毂直径（in）］对更换适合的轮胎有帮助，了解轮胎的［载重系数］［速度系标志］对行车安全有帮助。

轮胎速度标识见表2-7。

表 2-7 轮胎速度标识

速度标识	最大车速	常用车型
N	140km/h	备用胎
P	150km/h	
Q	160km/h	雪胎,轻型载货车胎
R	170km/h	轻型载货车胎
S	180km/h	
T	190km/h	
U	200km/h	
H	210km/h	运动型轿车
V	240km/h	跑车
W	270km/h	特型跑车
Y	300km/h	特型跑车

注:

1. 较常见的轮胎速度标识为 S,T,H。

2. 如轮胎无速度标识,除非另有说明,一般认为最大安全速度为 120km/h。

3. Tire Size/轮胎尺寸,Loading Rating Index/载重系数,Speed Rating Index/速度标识是轮胎上一些常见标识,为典型北美轮胎标,仅供参考。

轿车的车轮一般使用子午线轮胎。子午线轮胎的规格包括宽度、高宽比、内径和速度极限符号。以丰田 CROWN3.0 轿车为例,其轮胎规格是 195/65R15,195 表示轮胎两边侧面之间的宽度是 195mm,65 表示高宽比,R 代表单词 RADIAL,表示是子午轮胎。15 是轮胎的内径,以 in 计。有些轮胎还注有速度极限符号,分别用 P、R、S、T、H、V、Z 等字母代表各速度极限值。

特别要指出的是高宽比,其含义是轮胎胎壁高度占胎宽的百分比,现代轿车的轮胎高宽比多为 50~70,数值越小,轮胎形状越扁平。随着车速的提高,为了降低轿车的重心和轴心,轮胎的直径不断缩小。为了保证有足够的承载能力,改善行驶的稳定性和抓地力,轮胎和轮圈的宽度只得不断加大。因此,轮胎的截面形状由原来的近似圆形向扁平化的椭圆形发展。

近几年的轿车已经实现了子午线轮胎无内胎,俗称"原子胎"。这种轮胎在高速行驶中不易聚热,当轮胎受到钉子或尖锐物穿破后,漏气缓慢,可继续行驶一段距离。另外,原子胎还有简化生产工艺、减轻重量、节约原料等好处。因此,装配原子胎已在轿车领域中逐渐成为潮流。

轮胎规格相关标准:

GB/T 2977—2016《载重汽车轮胎规格、尺寸、气压与负荷》

GB/T 2978—2014《轿车轮胎规格、尺寸、气压与负荷》

2.2 机动车总体构造

2.2.1 汽车的总体构造

汽车是由成千上万个零件组成的结构复杂的交通工具。根据其驱动装置、使用条件等不同，汽车的具体构造有很大的差别，但通常由发动机、底盘、车身和电器与电子设备四大部分组成。汽车总体结构如图 2-2 所示。

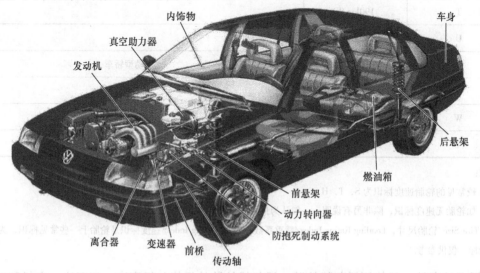

图 2-2 汽车总体结构

1. 发动机（电机）

发动机是燃烧可燃混合气而发出动力的部件，是汽车的动力装置。在现代汽车上广泛应用的发动机是往复活塞式汽油机和柴油机，它一般由曲柄连杆机构、配气机构、供给机构、冷却机构、润滑系统、点火系统（仅用于汽油机）和起动系统组成。

电动汽车是指以车载电源为动力，用电机驱动车轮行驶，符合道路交通、安全法规各项要求的汽车。由于对环境影响相对传统汽车较小，它的前景被广泛看好。电源为电动汽车的驱动电机提供电能，电动汽车电机将电源的电能转化为机械能，通过传动装置驱动车轮和工作装置。

2. 底盘

底盘是接受发动机的动力、使汽车运动并按驾驶人的操纵而正常行驶的部件。它是汽车的基体，发动机、车身、电器与电子设备及各轴附属装备，都直接或间接地安装在底盘上。它主要由传动系、行驶系、转向系和制动系四大部分组成。

1）传动系：将发动机的动力传给驱动车轮。传动系包括离合器、变速器、传动轴、主减速器及差速器和半轴等部件。

2）行驶系：支撑整车的质量，传递和承受路面作用于车轮上的各种力和力矩，缓和冲击、吸收振动，保证汽车在各种条件下正常行驶。行驶系包括车架、车桥、悬架和车轮等部分。

3）转向系：使汽车按驾驶人选定的方向行驶。转向系由带转向盘的转向操纵机构、转向器和转向传动机构组成，有的汽车还装有动力转向装置、碰撞防伤装置、转向减振器等。

4）制动系：使汽车减速或停车，并保证汽车可靠的长时间停驻。制动系包括制动器、控制装置、供能装置和传动装置等。

3. 车身

汽车车身的主要功用是：

1）为驾驶人提供良好的操作条件和舒适的工作场所。

2）由于车身可以隔离汽车行驶时的振动、噪声、废气以及恶劣气候的影响，所以车身可以为乘员提供舒适的乘坐条件。

3）保证完好无损地运载货物且装卸方便。

4）车身结构和设备可以保证行车安全和减轻事故后果。

5）车身合理的外部形状，可以在汽车行驶时有效引导周围的气流，提高汽车的动力性、燃料经济性和行驶稳定性，改善发动机的冷却条件和驾驶室内的通风。

车身结构包括：车身壳体、车前钣金件、车门、车窗、车身外部装饰件和内部覆饰件、座椅，以及通风、暖气、空调装置等。在货车和专项作业车上还包括货厢和其他装备。

4. 电器和电子设备

电器设备包括电源组（蓄电池、发电机）、发动机点火设备、发动机起动设备、照明和信号装置、仪表、空调、刮水器、音像设备、门窗玻璃电动升降设备等。电子设备包括导航系统、电控燃油喷射及电控点火设备、电控自动变速设备、电子防抱死设备（ABS）、电子驱动防滑设备（ETS）、车门锁的遥控，以及自动防盗报警设备等各种装置。

2.2.2 汽车车身构造

1. 汽车车身壳体结构

车身壳体按照受力情况可分为承载式、半承载式和非承载式车身三种。

1）承载式车身：其结构特点是汽车无车架，车身即是发动机及底盘各总成的安装基础。承载式车身不仅承担自身和装载乘客、货物的重力，还承担汽车行驶中的惯性力、空气阻力和路面传给车身的力。目前，多数中型、轻型及微型轿车采用这种车身。

2）半承载式车身：其特点是车身骨架与车架用螺钉、铆钉和焊接等方法刚性的连接。半承载式车身除了承受上述载荷外，还在一定程度上加固了车架，分担了车架的部分载荷。一些高级轿车采用半承载式车身。

3）非承载式车身：其特点是车身与车架通过弹簧或橡胶垫柔性连接。非承载式车身对车架的加固作用不大，仅承受自身和装载乘客、货物的重力，以及汽车行驶中的惯性力、空气阻力。货车及开式车身的敞篷车只能采用非承载式车身。

4）车门、车窗及附件和密封：车门是车身上的重要的部件之一，按它的开启方式可分为顺开式、逆开式、水平移动式、上掀式和折叠式等几种。轿车、货车的车门及客车驾驶人出入的车门通常由门外板、门内板和窗框等组成，车门铰接安装于车身壳体上，且与车身本体曲面相匹配。为了防止车门与立柱之间摩擦产生噪声，门与门框留有较大的间隙，靠橡胶密封条将其密封。

2. 汽车车身内的装置

为了提高汽车的舒适性，保证车身内的空气流通，温度和湿度适当，在轿车和客车等一些车辆上采用通风取暖装置和空调装置。

1）通风取暖装置：利用车外的迎面气流进行车内循环的方法称为自然通风。在汽车行驶过程中，既要保证通风，又要避免正面风对驾驶员和乘客的影响，最简单的方法是依靠通风阀以及前后车门上的三角窗通风。通风阀一般装在风窗玻璃前面或前围两侧，三角窗玻璃可以绕垂直或倾斜轴转动和调节开度。当三角窗开启时，在其附近形成空气涡流，车厢内不至于产生对流风，影响驾驶人和乘客。

2）空调装置：为了提高乘坐的舒适性，现代汽车广泛装用空调装置，车用空调是由暖气装置和冷气装置共同构成。

3）座椅：汽车上的座椅主要有独立式座椅和双人或多人座椅等，座椅骨架通常用型材制造或用钢板冲压焊接而成，并用螺钉或通过座椅调节机构固定在车身底板上。

3. 货车车身

一般货车的驾驶室采用骨架式非承载车身结构，驾驶室通常以三点或四点支撑在车架上，其中两点采用弹簧或橡胶衬垫连接，以减少驾驶室的振动和车架歪扭变形对驾驶室的影响。现代汽车的驾驶室的结构类型通常分为以下几种：

1）位于发动机之后的长头式驾驶室，其高度和宽度均较小，结构紧凑，刚度较大。

2）与发动机并列的平头式驾驶室，由于发动机位于驾驶室的中部，故其外部尺寸较宽大，但驾驶室内部空间仍然拥挤。

3）位于发动机之上的平头式驾驶室，与第二种驾驶室相比，其结构完整，刚性较好，内部也宽敞，但高度相对较大，适用于向前倾翻式的驾驶室。

普通货车如东风 EQ1032 和解放 CA1092 型汽车均装用普通栏板式货厢。这种车厢由底板和 4 块栏板组成，货厢一般为木质结构、钢质结构和钢木混合结构，用螺栓与车架连接固定，为了装卸货物方便，一般货厢后栏板及两侧栏板制成铰接式。

由于装载的货物不同，专用货车需采用专用货厢，常用的形式有以下几种：

1）普通封闭式货厢：通常用来运输日用百货、食品等易损货物。

2）封闭式冷藏、保温车厢：用来运输易腐蚀物品、医药等，车上装有制冷设备。

3）液罐式：其后部装有筒状容罐，用来运输油类、化学液体、散粒或粉状物等。

4）倾卸式：适用于运输沙土矿石等。此类汽车具有液压举升倾卸机构，可以向后、向左右两侧自动倾卸，实现卸货。

5）平台式：具有钢板制成的大型平台式货台，并具有较多的支撑车轮，适用于运输大型设备、建筑预制结构件、木材等。

6）集装箱式：采用集装箱运输，具有减少货物装卸工作量，加速货物周转，保证货物完好，降低运输成本等优点。

2.2.3 摩托车的总体构造

摩托车的种类虽然很多，但它们的基本结构都大同小异，其主要组成部分包括：发动机、传动装置、行驶装置、行驶与操纵装置及电器设备与仪表。

1. 发动机

发动机主要由曲柄连杆机构、配气机构、燃料供给系、润滑系、点火系、排气和冷却系等组成，它是摩托车的"心脏"部位，其作用是产生动力。

2. 传动装置

传动装置主要包括离合器、变速器和传动机构等，其作用是把发动机产生的动力传动给后轮，从而达到驱动摩托车行驶的目的。

3. 行驶与操纵装置

行驶与操纵装置主要包括车架、前架、后悬架、车轮、制动器、转向手把、操纵传动系等，其作用是支撑车体重量及保证车辆正常行驶。

4. 电器设备与仪表

电器设备与仪表包括电源、磁电机、照明和信号灯具、喇叭及车速里程表等，其作用是保证发动机的起动与点火、车辆的照明、发出声光信号，以确保车辆的行驶安全。

2.3 发动机构造

发动机是汽车的动力源。迄今为止除电动汽车外，汽车发动机都是热机动力装置，将燃料燃烧产生的热能转变为机械能。

发动机有内燃机和外燃机两种。内燃机包括活塞式内燃机和燃气轮机。外燃机则包括蒸汽机、汽轮机和热气机等。内燃机与外燃机相比，具有结构紧凑、体积小、质量轻和容易起动等许多优点。因此，内燃机尤其是活塞式内燃机被广泛地用于汽车动力源。

2.3.1 发动机的分类和基本构造

1）按活塞运动方式的不同，活塞式内燃机可分为往复活塞式和旋转活塞式两种。

2）根据所用燃料种类，活塞式内燃机可分为汽油机、柴油机和气体燃料发动机三类。以汽油和柴油为燃料的活塞式内燃机分别称作汽油机和柴油机。使用天然气、液化石油气和其他气体燃料的活塞式内燃机称作气体燃料发动机。

3）按冷却方式的不同，活塞式内燃机分为水冷式和风冷式两种。以冷却液为冷却介质的称为水冷式内燃机，而以空气为冷却介质的则称为风冷式内燃机。

4）往复活塞式内燃机还可按其在一个工作循环期间，活塞往复运动的行程数进行分类。活塞式内燃机每完成一个工作循环，便对外做功一次，不断地完成工作循环，才使热能连续地转变为机械能。在一个工作循环中活塞往复四个行程的内燃机称为四冲程往复活塞式内燃机，而活塞往复两个行程便完成一个工作循环的则称为二冲程往复活塞式内燃机。

5）按照气缸数目分类可以分为单缸发动机和多缸发动机。仅有一个气缸的发动机称为单缸发动机；有两个以上气缸的发动机称为多缸发动机。如双缸、三缸、四缸、五缸、六缸、八缸、十二缸等都是多缸发动机。现代车用发动机多采用四缸、六缸、八缸发动机。

6）内燃机按照气缸排列方式不同可以分为单列式和双列式。单列式发动机的各个气缸排成一列，一般是垂直布置的，但为了降低高度，有时也把气缸布置成倾斜的甚至水平的；双列式发动机把气缸排成两列，两列之间存在一定的夹角称为 V 形发动机，若两列之间的夹角为180°，则称为对置式发动机。

7）按进气状态不同，活塞式内燃机还可分为增压和自然吸气两类。若进气是在接近大气压力状态下进行的，则称为自然吸气式内燃机；若利用增压器将进气压力增高，进气密度增大，则称为增压内燃机。增压可以提高内燃机功率。目前，应用最广、数量最多的汽车发动机为水冷、四冲程往复活塞式内燃机，其中汽油发动机多用于轿车和轻型客、货车上，而大客车和中、重型货车发动机多为柴油发动机或气体燃料发动机。轿车和轻型客、货车上也越来越多地使用柴油机。以风冷或二冲程活塞式内燃机为动力的汽车为数不多。

2.3.2 往复活塞式内燃机的基本结构及基本术语

1. 基本结构

往复活塞式内燃机的工作腔称为气缸，气缸内表面为圆柱形。在气缸内做往复运动的活塞通过活塞销与连杆的一端铰接，连杆的另一端则与曲轴相连，构成曲柄连杆机构。因此，当活塞在气缸内做往复运动时，连杆便推动曲轴旋转。气缸的顶端用气缸盖封闭。在气缸盖上装有进气门和排气门，通过进、排气门的开闭实现向气缸内充气和向气缸外排气。进、排气门的开闭由凸轮轴控制。凸轮轴由曲轴通过正时带或齿轮或链条驱动。进、排气门和凸轮轴以及其他一些零件共同组成配气机构。

2. 基本术语

（1）工作循环

活塞式内燃机的工作循环是由进气、压缩、做功和排气四个工作过程组成的。周而复始地进行这些过程，内燃机才能持续地做功。

（2）上、下止点

活塞顶离曲轴回转中心最远处为上止点；活塞顶离曲轴回转中心最近处为下止点。

（3）活塞行程

上、下止点间的距离 S 称为活塞行程。曲轴的回转半径 R 称为曲柄半径。显然，曲轴每回转一周，活塞移动两个行程。对于气缸中心线通过曲轴回转中心的内燃机，其 $S=2R$。

（4）气缸工作容积

上、下止点间所包容的气缸容积称为气缸工作容积。

（5）内燃机排量

内燃机所有气缸工作容积的总和称为内燃机排量。排量＝工作容积×气缸数。

（6）燃烧室容积

活塞位于上止点时，活塞顶面以上气缸盖底面以下所形成的空间称为燃烧室，其容积称为燃烧室容积，也叫压缩容积。

（7）气缸总容积

气缸工作容积与燃烧室容积之和为气缸总容积。

（8）压缩比

气缸总容积与燃烧室容积之比称为压缩比 ε。压缩比的大小表示活塞由下止点运动到上止点时，气缸内的气体被压缩的程度。压缩比越大，压缩终了时气缸内的气体压力和温度就越高。

（9）工况

内燃机在某一时刻的运行状况简称工况，以该时刻内燃机输出的有效功率和曲轴转速表示。曲轴转速即为内燃机转速。

（10）负荷率

内燃机在某一转速下发出的有效功率与相同转速下所能发出的最大有效功率的比值称为负荷率，以百分数表示。负荷率通常简称负荷。

2.3.3　往复活塞式内燃机工作原理

1. 四冲程汽油机工作原理

四冲程往复活塞式内燃机在四个行程内分别完成进气、压缩、做功和排气等四个工作过程（图2-3）。

（1）进气行程

活塞在曲轴的带动下由上止点移至下止点。此时排气门关闭，进气门开启。在活塞移动过程中，气缸容积逐渐增大，气缸内形成一定的真空度。缸外喷射的电子燃油喷射系统发动机的进气行程结束后，燃烧室内进入可燃混合气；缸内直喷的电子燃油喷射系统发动机，进气行程结束后燃烧室内只进入新鲜空气。

（2）压缩行程

进气行程结束后，曲轴继续带动活塞由下止点移至上止点。这时，进、排气门均关闭。随着活塞移动，气缸容积不断减小，气缸内的混合气被压缩，其压力和温度同时升高。均质燃烧的缸内直喷电子燃油喷射系统发动机，进气行程末期与压缩行程初期喷射燃料；分层燃烧的缸内直喷电子燃油喷射系统发动机，在压缩行程开始后喷射燃料，在压缩行程过程中形成可燃混合气。

（3）做功行程

压缩行程结束时，安装在气缸盖上的火花塞产生电火花，将气缸内的可燃混合气点燃，火焰迅速传遍整个燃烧室，同时放出大量的热能。燃烧气体的体积急剧膨胀，压力和温度迅速升高。在气体压力的作用下，活塞由上止点移至下止点，并通过连杆推动曲轴旋转做功。这时进、排气门仍旧关闭。

（4）排气行程

排气行程开始，排气门开启，进气门关闭，曲轴通过连杆带动活塞由下止点移至上止点，此时膨胀过后的燃烧气体（或称废气）在其自身剩余压力和活塞的推动下，经排气门排出气缸之外。当活塞到达上止点时，排气行程结束，排气门关闭。

2. 四冲程柴油机工作原理

四冲程柴油机的工作循环包括进气、压缩、做功和排气四个行程，在各个行程中，进、排气门的开闭和曲柄连杆机构的运动与汽油机完全相同。只是柴油机和汽油机在混合气形成方式及着火方式上有着根本的差别。

（1）进气行程

在柴油机进气行程中，被吸入气缸的只是纯净的空气。

（2）压缩行程

因为柴油机的压缩比较大，所以压缩行程终了时气体压力更高。

（3）做功行程

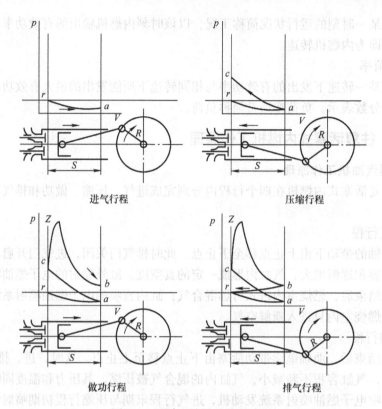

图 2-3 四冲程汽油机的示功图

在压缩行程结束时,喷油泵将柴油压入喷油器喷入燃烧室。因为喷油压力很高,喷孔直径很小,所以喷出的柴油呈雾状。细微的油滴在炽热的空气中迅速蒸发汽化,并借助于空气的运动,迅速与空气混合形成可燃混合气。由于气缸内的温度远高于柴油的自燃点,因此柴油随即自行着火燃烧。燃烧气体的压力、温度迅速升高,体积急剧膨胀。在气体压力的作用下,活塞推动连杆,连杆推动曲轴旋转做功。

(4) 排气行程

排气行程开始,排气门开启,进气门关闭,燃烧后的废气排出气缸。

3. 二冲程汽油机工作原理

二冲程汽油机的工作循环是在两个行程即曲轴旋转一周的时间内完成的。在四冲程内燃机中,常把排气过程和进气过程合称为换气过程。在二冲程内燃机中换气过程是指废气从气缸内被新气扫除并取代的过程。

(1) 第一行程活塞在曲轴带动下由下止点移至上止点

当活塞还处于下止点时,进气孔被活塞关闭,排气孔和扫气孔开启。这时曲轴箱内的可燃混合气经扫气孔进入气缸,扫除其中的废气。随着活塞向上止点运动,活塞头部首先将扫气孔关闭,扫气终止。但此时排气孔尚未关闭,仍有部分废气和可燃混合气经排气孔继续排出,称为额外排气。当活塞将排气孔也关闭之后,气缸内的可燃混合气开始被压缩,直至活塞到达上止点,压缩过程结束。

(2) 第二行程活塞由上止点移至下止点

在压缩过程终了时,火花塞产生电火花,将气缸内的可燃混合气点燃。燃烧气体膨胀做功。此时排气孔和扫气孔均被活塞关闭,惟有进气孔仍然开启。空气和汽油经进气孔继续流入曲轴箱,直至活塞裙部将进气孔关闭为止。随着活塞继续向下止点运动,曲轴箱容积不断缩小,其中的混合气被预压缩。此后,活塞头部先将排气孔开启,膨胀后的燃烧气体已成废气,经排气孔排出。至此做功过程结束,开始先期排气。随后活塞又将扫气孔开启,经过预压缩的可燃混合气从曲轴箱经扫气孔进入气缸,扫除其中的废气,开始扫气过程。这一过程将持续到下一个活塞行程中扫气孔被关闭时为止。

4. 二冲程柴油机工作原理

(1) 第一行程活塞由下止点移至上止点

当活塞还处于下止点位置时,进气孔和排气门均已开启。扫气泵将纯净的空气增压到 0.12~0.14MPa 后,经空气室和进气孔送入气缸,扫除其中的废气。废气经气缸顶部的排气门排出。当活塞上移将进气孔关闭的同时,排气门也关闭,进入气缸内的空气开始被压缩。活塞运动至上止点,压缩过程结束。

(2) 第二行程活塞由上止点移至下止点

当压缩过程终了时,高压柴油经喷油器喷入气缸,并自行着火燃烧。高温高压的燃烧气体推动活塞做功。当活塞下移 2/3 行程时,排气门开启,废气经排气门排出。活塞继续下移,进气孔开启,来自扫气泵的空气经进气孔进入气缸进行扫气。扫气过程将持续到活塞上移时将进气孔关闭为止。

5. 汽油机与柴油机、四冲程与二冲程内燃机的比较

以上叙述了各类往复活塞式内燃机的简单工作原理,从中可以看出汽油机与柴油机、四冲程与二冲程内燃机的若干异同之处。

四冲程汽油机与四冲程柴油机的共同点是:

1) 每个工作循环都包含进气、压缩、做功和排气四个行程,每个行程各占 180° 曲轴转角,即曲轴每旋转两周完成一个工作循环。

2) 四个行程中,只有一个做功行程,其余三个是耗功行程。显然,在做功行程曲轴旋转的角速度要比其他三个行程时大得多,即在一个工作循环内曲轴的角速度是不均匀的。为了改善曲轴旋转的不均匀性,必须在曲轴上安装转动惯量较大的飞轮,或采用多缸内燃机,并使其按一定的工作顺序依次做功。

两者不同之处是:

1) 汽油机的可燃混合气在气缸外部开始形成,并延续到进气和压缩行程终了,时间较长。柴油机的可燃混合气在气缸内部形成,从压缩行程接近终了时开始,只占小部分做功行程,时间很短。

2) 汽油机的可燃混合气用电火花点燃,柴油机则是压燃。所以又称汽油机为点燃式内燃机,称柴油机为压燃式内燃机。

二冲程内燃机与四冲程内燃机相比具有下列一些特点。

1) 曲轴每转一周完成一个工作循环,做功一次。当曲轴转速相同时,二冲程内燃机单位时间的做功次数是四冲程内燃机的两倍。由于曲轴每转一周做功一次,因此曲轴旋转的角速度比较均匀。

2) 二冲程内燃机的换气过程时间短,仅为四冲程内燃机的 1/3 左右。另外,进、排气过程几乎同时进行,利用新气扫除废气,新气可能流失,废气也不易清除干净。因此,二冲程内燃机的换气质量较差。

3）曲轴箱换气式二冲程内燃机因为没有进、排气门，可使结构大为简化。

2.3.4 发动机的总体构造

发动机是一种由许多机构和系统组成的复杂机器。无论是汽油机，还是柴油机；无论是四冲程发动机，还是二冲程发动机；无论是单缸发动机，还是多缸发动机，要完成能量转换，实现工作循环，保证长时间连续正常工作，都必须具备以下一些机构和系统。

汽油机由以下两大机构和五大系统组成，即由曲柄连杆机构、配气机构，燃料供给系、润滑系、冷却系、点火系和起动系组成；柴油机由以上两大机构和四大系统组成，即由曲柄连杆机构、配气机构、燃料供给系、润滑系、冷却系和起动系组成，柴油机是压燃的，没有点火系。

1. 曲柄连杆机构

曲柄连杆机构是发动机实现工作循环，完成能量转换的主要运动零件。它由机体组、活塞连杆组和曲轴飞轮组等组成。

2. 配气机构

配气机构的功用是根据发动机的工作顺序和工作过程，定时开启和关闭进气门和排气门，使可燃混合气或空气进入气缸，并使废气从气缸内排出，实现换气过程。

3. 冷却系统

冷却系统（图2-4）的功用是将受热零件吸收的部分热量及时散发出去，保证发动机在最适宜的温度状态下工作。水冷发动机的冷却系通常由冷却水套、水泵、风扇、散热器、节温器等组成。

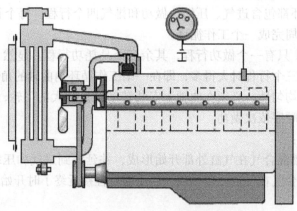

图2-4 冷却系统

4. 燃料供给系统

汽油机燃料供给系统（图2-5）的功用是根据发动机的要求，配制出一定数量和浓度的混合气，供入气缸，并将燃烧后的废气从气缸内排到大气中去；柴油机燃料供给系的功用是把柴油和空气分别供入气缸，在燃烧室内形成混合气并燃烧，最后将燃烧后的废气排出。

5. 润滑系统

润滑系统的功用是向做相对运动的零件表面输送定量的清洁机油，以实现液体摩擦，减

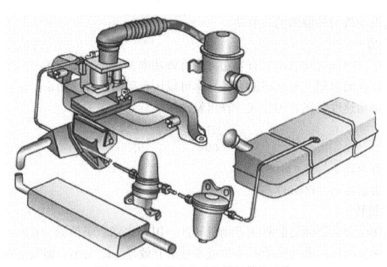

图 2-5 化油器式汽油机燃料供给系统

小摩擦阻力,减轻机件的磨损。并对零件表面进行清洗和冷却。润滑系统通常由润滑油道、机油泵、机油滤清器和一些阀门等组成。

6. 点火系统

在汽油机中,气缸内的可燃混合气是靠电火花点燃的,为此在汽油机的气缸盖上装有火花塞,火花塞头部伸入燃烧室内。能够按时在火花塞电极间产生电火花的全部设备称为点火系统,点火系统通常由蓄电池、发电机、分电器、点火线圈和火花塞等组成。

7. 起动系统

要使发动机由静止状态过渡到工作状态,必须先用外力转动发动机的曲轴,使活塞做往复运动,气缸内的可燃混合气燃烧膨胀做功,推动活塞向下运动使曲轴旋转。发动机才能自行运转,工作循环才能自动进行。因此,曲轴在外力作用下开始转动到发动机开始自动地怠速运转的全过程,称为发动机的起动。完成起动过程所需的装置,称为发动机的起动系统(图2-6)。

2.3.5 发动机的性能指标

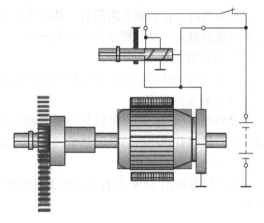

图 2-6 起动系统

发动机的性能指标用来表征发动机的性能特点,并作为评价各类发动机性能优劣的依据。同时,发动机性能指标的建立,还促进了发动机结构的不断改进和创新。可以说,发动机构造的变革和多样性与发动机性能指标的不断完善密切相关。

1. 动力性指标

动力性指标是表征发动机做功能力大小的指标,一般用发动机的有效转矩、有效功率、转速和平均有效压力等作为评价发动机动力性好坏的指标。

(1)有效转矩

发动机对外输出的转矩称为有效转矩,记作 T_e,单位为 N·m。有效转矩与曲轴角位移的乘积即为发动机对外输出的有效功。

(2) 有效功率

发动机在单位时间对外输出的有效功称为有效功率,记作 P_e,单位为 kW。它等于有效转矩与曲轴角速度的乘积。发动机的有效功率可以用台架试验方法测定,也可用测功器测定有效转矩和曲轴角速度,然后用公式计算出发动机的有效功率 P_e:

$$P_e = T_e \frac{2\Pi n}{60} \times 10^{-3} = \frac{T_e n}{9550}$$

式中 T_e——有效转矩(N·m);

n——曲轴转速(r/min)。

(3) 发动机转速

发动机曲轴每分钟的回转数称为发动机转速,用 n 表示,单位为 r/min。发动机转速的高低,关系到单位时间内做功次数的多少或发动机有效功率的大小,即发动机的有效功率随转速的不同而改变。因此,在说明发动机有效功率的大小时,必须同时指明其相应的转速。在发动机产品标牌上规定的有效功率及其相应的转速,分别称为标定功率和标定转速。发动机在标定功率和标定转速下的工作状况称为标定工况。标定功率不是发动机所能发出的最大功率,它是根据发动机用途而制订的有效功率最大使用限度。同一种型号的发动机,当其用途不同时,其标定功率值并不相同。有效转矩也随发动机工况而变化。因此,汽车发动机以其所能输出的最大转矩及其相应的转速,作为评价发动机动力性的一个指标。

(4) 平均有效压力

单位气缸工作容积发出的有效功称为平均有效压力,记作 p_{me},单位为 MPa。显然,平均有效压力越大,发动机的做功能力越强。

2. 经济性指标

发动机经济性指标包括有效热效率和有效燃油消耗率等。

(1) 有效热效率

燃料燃烧所产生的热量转化为有效功的百分数称为有效热效率,记作 η_e。显然,为获得一定数量的有效功所消耗的热量越少,有效热效率越高,发动机的经济性越好。

(2) 有效燃油消耗率

发动机每输出 1kW 的有效功所消耗的燃油量称为有效燃油消耗率,记作 b_e,单位为 g/(kW·h)。

$$b_e = \frac{B}{P_e} \times 10^3$$

式中 B——发动机在单位时间内的耗油量(kg/h);

P_e——发动机的有效功率,kW。

显然,有效燃油消耗率越低,经济性越好。

3. 强化指标

强化指标是指发动机承受热负荷和机械负荷能力的评价指标,一般包括升功率和强化系数等。

(1) 升功率

发动机在标定工况下,单位发动机排量输出的有效功率称为升功率。升功率大,表明单位气缸工作容积发出的有效功率大,发动机的热负荷和机械负荷都高。

(2)强化系数

平均有效压力与活塞平均速度的乘积称为强化系数。活塞平均速度是指发动机在标定转速下工作时,活塞往复运动速度的平均值。

4. 紧凑性指标

紧凑性指标是用来表征发动机总体结构紧凑程度的指标,通常用比容积功率和比质量功率衡量。

(1)比容积

发动机外廓容积与其标定功率的比值称为比容积功率。

(2)比质量

发动机的干质量与其标定功率的比值称为比质量功率。干质量是指未加注燃油、机油和冷却液时的发动机质量。比容积功率和比质量功率越大,发动机结构越紧凑。

5. 环境指标

环境指标用来评价发动机排气品质和噪声水平。由于它关系到人类的健康及其赖以生存的环境,因此各国政府都制定出严格的控制法规,以期消减发动机排气和噪声对环境的污染。

6. 可靠性指标

可靠性指标是表征发动机在规定的使用条件下,正常持续工作能力的指标。可靠性指标有多种评价方法,如首发故障行驶里程、平均故障间隔里程、主要零件的损坏率等。

7. 耐久性指标

耐久性指标是指发动机主要零件磨损到不能继续正常工作的极限时间。通常用发动机的大修里程,即发动机从出厂到第一次大修之间汽车行驶的里程数来衡量。

8. 工艺性指标

工艺性指标是指评价发动机制造工艺性和维修工艺性好坏的指标。发动机结构工艺性好,则便于制造,便于维修,就可以降低生产成本和维修费用。

9. 内燃机速度特性

汽车发动机的工况在很广泛的范围内变化。当发动机的工况(即功率和转速)发生变化时,其性能(包括动力性、经济性、排放性和噪声等)也随之改变。因此,在评价和选用发动机时,就必须考察它在各种工况下的性能,才能全面判断其好坏及能否满足汽车的要求。

发动机性能指标随调整状况及运行工况而变化的关系称为发动机特性,利用特性曲线可以简单而又方便地评价发动机性能。

发动机的有效功率 P_e、有效转矩 T_e 和有效燃油消耗率 b_e,随发动机转速 n 的变化关系称为发动机速度特性(图 2-7)。

发动机负荷率的定义,如果利用发动机的速度特性来说明负荷率或负荷的概念就更为清楚了。曲线 Ⅰ 为外特性,曲线 Ⅱ、Ⅲ 为部分速度特性。在 $n=3500\text{r/min}$ 时,若节气门全开,可得到该转速下可能发出的最大功率 45kW。但如果节气门不全开而开到 Ⅱ 和 Ⅲ 的位置,则同样转速下只能发出 32kW 和 20kW 的功率。根据上述定义,可求出 a、b、c 和 d 四个工况下的负荷值:

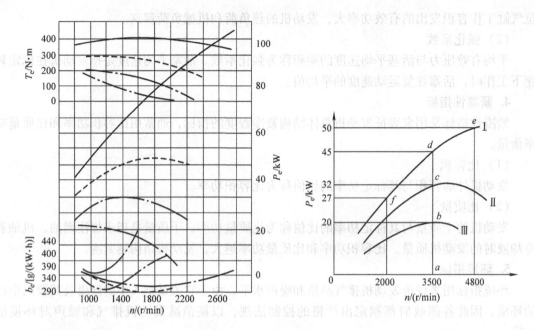

图 2-7 发动机的速度特性

工况 a 负荷为零（称为发动机空转工况）；

工况 b 负荷 $=20/45\times100\%=44.4\%$；

工况 c 负荷 $=32/45\times100\%=71.1\%$；

工况 d 负荷 $=45/45\times100\%=100\%$（即发动机全负荷）。

2.4 汽车传动系统

2.4.1 汽车传动系统的组成和功用

1. 传动系统的组成

机械式传动系统主要由离合器、变速器、万向传动装置和驱动桥组成。其中万向传动装置由万向节和传动轴组成，驱动桥由主减速器和差速器组成（图 2-8）。

液力机械式传动系主要由液力变矩器、自动变速器、万向传动装置和驱动桥组成。

2. 传动系统的功用

1）减速增矩：发动机输出的动力具有转速高、转矩小的特点，无法满足汽车行驶的基本需要，通过传动系的主减速器，可以达到减速增矩的目的，即传给驱动轮的动力比发动机输出的动力转速低，转矩大。

2）变速变矩：发动机的最佳工作转速范围很小，但汽车行驶的速度和需要克服的阻力却在很大范围内变化，通过传动系的变速器，可以在发动机工作范围变化不大的情况下，满足汽车行驶速度变化大和克服各种行驶阻力的需要。

3）实现倒车：发动机不能反转，但汽车除了前进外，还要倒车，在变速器中设置倒

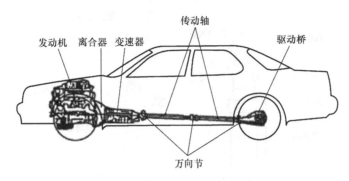

图 2-8　机械式传动系统的组成及布置示意图

档,汽车就可以实现倒车。

4)必要时中断传动系的动力传递:起动发动机、换档过程中、行驶途中短时间停车(如等候交通信号灯)、汽车低速滑行等情况下,都需要中断传动系的动力传递,利用变速器的空档可以中断动力传递。

5)差速功能:在汽车转向等情况下,需要两驱动轮能以不同转速转动,通过驱动桥中的差速器可以实现差速功能。

2.4.2　汽车传动系统的布置方案

1. 发动机前置后轮驱动(FR)方案(简称前置后驱动)

主要用于货车、部分客车和部分高级轿车(图 2-9)。

2. 前置前驱动(FF)

主要用于轿车和微型、轻型客车等。它可分为两种布置方案。

1)发动机横置:特点是发动机曲轴轴线与车轮轴线平行,主减速器可以采用圆柱齿轮传动。

2)发动机纵置:特点是发动机曲轴轴线与车轮轴线垂直,主减速器必须采用圆锥齿轮传动。

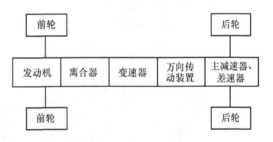

图 2-9　前置后驱动传动系统布置框图

3. 后置后驱动(RR)

它的特点是发动机布置在后轴之后,用后轮驱动,主要用于大中型客车和少数跑车(图 2-10)。

4. 中置后驱动(MR)

它的特点是发动机布置在前后轴之间,用后轮驱动,用于面包车、跑车和少数大中型客车(图 2-11)。

5. 全轮驱动(AWD)

它的特点是传动系统增加了分动器,动力可以同时传给前、后轮,主要用于越野车及重型货车(图 2-12、图 2-13)。

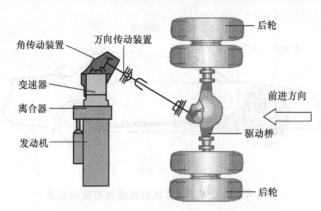

图 2-10 后置后驱动传动系统布置示意图

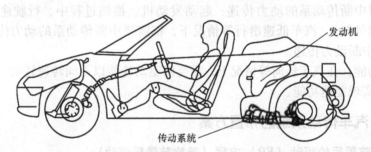

图 2-11 中置后驱动传动系统布置示意图

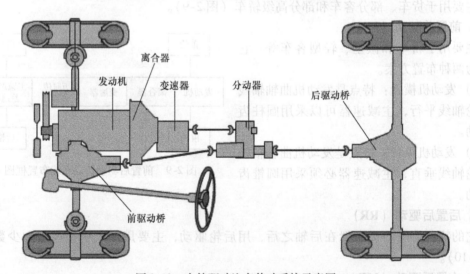

图 2-12 全轮驱动汽车传动系统示意图

2.4.3 汽车传动系统的类型

汽车传动系统有机械式、液力式和电力式等。

1. 液力式传动系统

1）液力机械式传动系统：特点是组合运用液力传动和机械传动。液力传动是指利用液力变矩器传动，机械传动是指利用自动变速器、万向传动装置和驱动桥传动（图 2-14）。

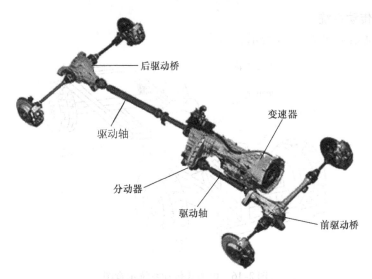

图 2-13 保时捷卡宴全驱动汽车传动系统示意图

2）静液式传动系统：特点是通过液体传动介质静压力能的变化传递动力，利用发动机带动液压泵产生静压力，通过控制装置控制液压马达转速，用一个液压马达带动驱动桥，或用两个液压马达直接驱动两个驱动轮（图 2-15）。静液式传动系统的主要缺点是：机械效率低、造价高、使用寿命短，可靠性差等，故还没有得到广泛应用。

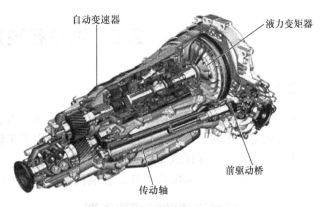

图 2-14 液力机械式传动系统的组成

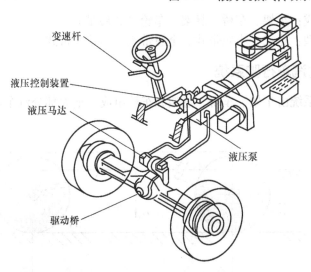

图 2-15 静液式传动系统示意图

2. 电力式传动系统

电力式传动系统如图 2-16 所示。

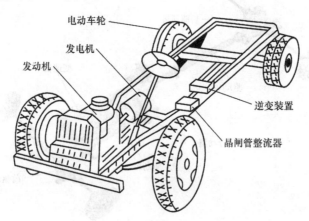

图 2-16　电力式传动系统示意图

2.5　汽车行驶系统

2.5.1　汽车行驶系统的功用

1）接受传动系统传来的发动机转矩并产生驱动力。
2）承受汽车的总重量，传递并承受路面作用于车轮上的各个方向的反力及转矩。
3）缓冲减振，保证汽车行驶的平顺性。
4）与转向系统协调配合工作，控制汽车的行驶方向。

2.5.2　行驶系统的组成和类型

行驶系统的组成：车架、车桥、悬架、车轮（或履带）。
行驶系统的类型：轮式、半履带式、全履带式、车轮履带式。

2.5.3　轮式汽车行驶系统

轮式汽车行驶系统由车架、车桥、悬架和车轮组成。绝大部分汽车都采用轮式行驶系统（图 2-17）。

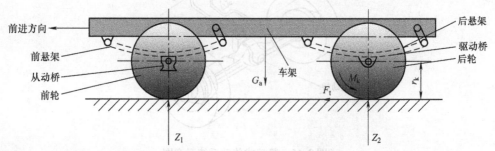

图 2-17　轮式汽车行驶系统的组成及部分受力状况

2.5.4 悬架

悬架是车架（或承载式车身）与车桥（或车轮）之间的所有传力连接装置的总称。

1. 悬架的功用和组成

（1）悬架的功用

1）把路面作用于车轮上的垂直反力、纵向反力和侧向反力，以及这些反力所造成的力矩传递到车架（或承载式车身）上，保证汽车的正常行驶，即起传力作用。

2）利用弹性元件和减振器起到缓冲减振的作用。

3）利用悬架的某些传力构件使车轮按一定轨迹相对于车架或车身跳动，即起导向作用。

4）利用悬架中的辅助弹性元件横向稳定器，防止车身在转向等行驶情况下发生过大的侧向倾斜。

（2）悬架的组成

1）弹性元件——起缓冲作用。

2）减振元件——起减振作用。

3）传力机构或称导向机构——起传力和导向作用。

4）横向稳定器——防止车身产生过大侧倾。

2. 悬架系统的自然振动频率

悬架系统的频率与汽车的平顺性（也称舒适性）有直接关系

$$n = \frac{1}{2\pi}\sqrt{\frac{K}{M}} = \frac{1}{2\pi}\sqrt{\frac{g}{f}}$$

式中　n——悬架的频率；

　　　M——簧载质量；

　　　K——悬架刚度。

悬架频率 n 随簧载质量的变化而变化，人体最舒适的频率范围为 1～1.6Hz，如果要将汽车行驶过程中的频率保持在 1～1.6Hz 内，最好采用变刚度悬架。

3. 汽车悬架的类型

（1）非独立悬架

非独立悬架的特点是：两侧车轮通过整体式车桥相连，车桥通过悬架与车架或车身相连。如果行驶中路面不平，一侧车轮被抬高，整体式车桥将迫使另一侧车轮产生运动（图 2-18）。

（2）独立悬架

独立悬架的特点是：车桥是断开的，每一侧车轮单独地通过悬架与车架（或车身）相连，每一侧车轮可以独立跳动（图 2-19）。

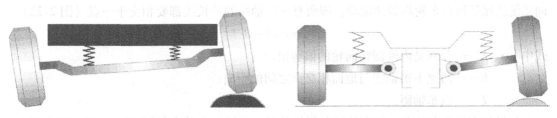

图 2-18　非独立悬架　　　　　　　　　图 2-19　独立悬架

2.6 汽车转向系统

汽车转向系统是用来改变汽车行驶方向的专设机构的总称。汽车转向系统的功用是保证汽车能按驾驶人的意愿进行直线或转向行驶。

2.6.1 汽车转向系统的类型和组成

1. 机械转向系统

机械转向系统以驾驶人的体力作为转向能源，所有传递力的构件都是机械的，主要由转向操纵机构、转向器和转向传动机构三大部分组成。

当前轮为非独立悬架时，机械转向系统的组成及布置如图2-20所示。由于转向盘距离转向器较远，二者之间用万向节和传动轴构成的万向传动装置相连。

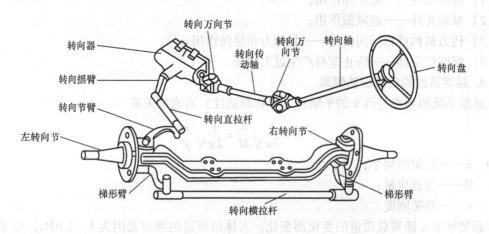

图2-20 机械转向系统

2. 动力转向系统

动力转向系统是兼用驾驶人体力和发动机（或电动机）的动力作为转向能源的转向系统。动力转向系统是在机械转向系统的基础上加设一套转向助力装置而形成的（图2-21）。

2.6.2 两侧转向轮偏转角之间的理想关系式

汽车转向行驶时，为了避免车轮相对地面滑动而产生附加阻力，减轻轮胎磨损，要求转向系统能保证所有车轮均做纯滚动，即所有车轮轴线的延长线都要相交于一点（图2-22）。

$$\cot\alpha = \cot\beta + B/L$$

式中　α、β——分别是内外侧转向轮的偏转角；

　　　B——两侧主销轴线与地面相交点之间的距离；

　　　L——汽车轴距。

如果是多轴汽车转向，转向轮转角间的关系与双轴汽车基本相同（图2-23、图2-24）。

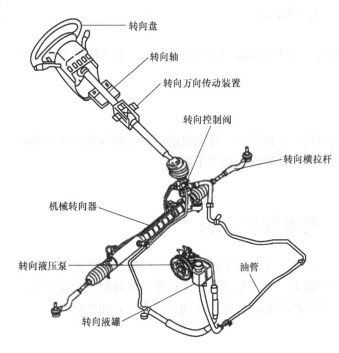

图 2-21 动力转向系统示意图

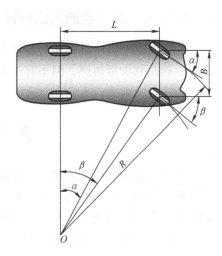

图 2-22 双轴汽车转向时两侧转向轮偏转角的理想关系

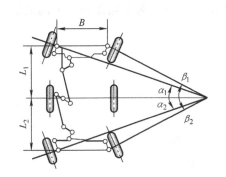

图 2-23 三轴汽车一、三轴转向

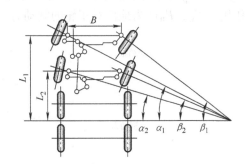

图 2-24 四轴汽车双前桥转向

2.6.3 转向系传动比

1. 转向器角传动比

转向盘转角增量与相应的转向摇臂转角增量之比 $i_{\omega 1}$，称为转向器角传动比。

2. 转向传动机构角传动比

转向摇臂转角增量与转向盘一侧转向节的相应转角增量之比 $i_{\omega 2}$，称为转向传动机构角传动比。

3. 转向系统角传动比

转向盘转角增量与同侧转向节相应转角增量之比 i_ω，称为转向系统角传动比

$$i_\omega = i_{\omega 1} i_{\omega 2}$$

4. 转向系统的力传动比

两个转向轮受到的转向阻力与驾驶人作用在转向盘上的手力之比 i_p，称为转向系统的力传动比，它与角传动比 i_ω 成正比。

2.6.4 转向盘的自由行程

转向盘在空转阶段的角行程称为转向盘的自由行程。转向盘的自由行程有利于缓和路面冲击，提高驾驶舒适感，但不宜过大，否则会使转向灵敏度下降。

2.7 汽车制动系统

驾驶人必须能根据道路和交通情况，利用装在汽车上的一系列专门装置，迫使路面在汽车车轮上施加一定的与汽车行驶方向相反的力，对汽车进行一定程度的强制制动。这种可控制的对汽车进行制动的力称为制动力，用于产生制动力的一系列装置称为制动系统。

制动系统的功用是减速停车。

2.7.1 制动系统的工作原理

驾驶人踩下制动踏板后，制动蹄对制动鼓作用一定的制动摩擦力矩即制动器制动力矩 M_μ，在 M_μ 的作用下，车轮将对地面作用一个向前的力 F_μ，地面对车轮作用一个向后的反作用力 F_B，F_B 即为地面对车轮的制动力（图2-25）。

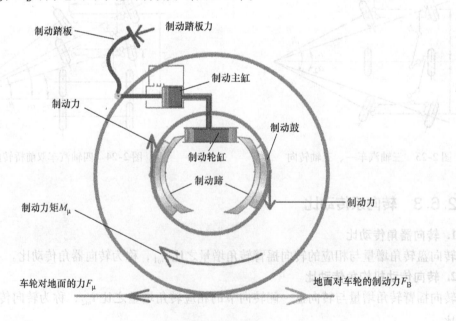

图2-25 制动系统工作原理

2.7.2 制动系统的组成

1）供能装置——包括供给、调节制动所需能量，以及改善传能介质状态的各种部件。其中产生制动能量的部分称为制动能源。人的肌肉也可作为制动能源。

2）控制装置——包括产生制动动作和控制制动效果的各种部件，如制动踏板、制动阀等。

3）传动装置——包括将制动能量传输到制动器的各个部件，如制动主缸和制动轮缸等。

4）制动器——产生制动摩擦力矩的部件。

较为完善的制动系统还具有制动力调节装置、报警装置、压力保护装置等附加装置（图2-26）。

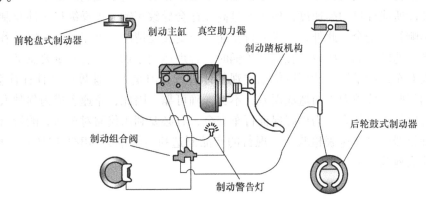

图2-26 汽车制动系统的组成

2.7.3 制动系统的类型

1. 按制动系统的功用分类

1）行车制动系统——使行驶中的汽车减低速度甚至停车的一套专门装置。

2）驻车制动系统——使已停驶的汽车驻留原地不动的一套装置。

3）第二制动系统——在行车制动系统失效的情况下保证汽车仍能实现减速或停车的一套装置。

4）辅助制动系统——在汽车下长坡时用以稳定车速的一套装置。

5）排气制动系统——在发动机排气管上设置调节阀，通过该阀的关闭增加排气行程的压力，利用产生的负压获得制动力。

2. 按制动系统的制动能源分类

1）人力制动系统——以驾驶人的肌肉作为唯一制动能源的制动系统。

2）动力制动系统——完全依靠发动机动力转化成的气压或液压进行制动的制动系统。

3）伺服制动系统——兼用人力和发动机动力进行制动的制动系统。

按照制动能量的传输方式，制动系又可分为机械式、液压式、气压式和电磁式等。同时采用两种传能方式的制动系统可称为组合式制动系统，如气顶液制动系统。

目前，所有汽车都采用双回路制动系统，如轿车的左前轮和右后轮共用一条制动回路、右前轮和左后轮共用另一条制动回路，当一个回路失效时，另一个回路仍能工作，这样有效提高了汽车的行车安全性。

第 3 章 车速表检验

机动车的行驶速度与行车安全及运输生产率密切相关。为了提高运输生产率，应尽可能发挥车辆性能所能提供的高速度，但车速过高往往会导致车辆失去操纵稳定性及制动距离过长，严重影响行车安全。此外，车辆的行驶速度还受交通情况与道路条件，以及着眼于经济成本的经济车速的限制。所以，在驾驶车辆时，合理运用车辆速度有着重要意义。

驾驶人对车速的掌握虽然可以依据主观估计进行，但是人对速度的估计往往会因错觉、驾驶经历和驾驶环境等因素而造成误差，不够准确可靠。因此，车速表成为驾驶人用来判断车辆行驶速度的重要仪表。为更好保证行车安全，有必要利用仪器对车速表的指示误差进行检验，这种仪器就是车速表检验台，现行的产品制造执行标准为 GB/T 13563—2007《滚筒式汽车车速表检验台》。

3.1 车速表检验台结构

车速表检验台按有无驱动装置可分为从动式与主动式两种。从动式检验台无驱动装置，它靠被测汽车驱动轮带动滚筒旋转；主动式检验台由电动机驱动滚筒旋转，再由滚筒带动车轮旋转。此外，还有把车速表检验台与制动检验台或底盘测功机组合在一起的综合式检验台。目前，检测机构多使用从动式滚筒式车速表检验台。

3.1.1 从动式车速表检验台

该检验台主要由滚筒、举升器、测量装置、显示仪表及辅助装置等几部分组成，主要结构如图 3-1 所示。

1. 滚筒部分

检验台左右各有两根滚筒，用于支撑汽车的驱动轮。在测试过程中，为防止汽车的差速器起作用而造成左右驱动轮转速不等，前面的两根滚筒是用联轴器连在一起的。滚筒多为钢制，表面有防滑处理，按 GB/T 13563—2007 标准要求直径不小于 175mm，滚筒表面附着系数不小于 0.6。如直径为 176.8mm 时，滚筒转速为 1200r/min，正好对应滚筒表面的线速度接近 40km/h。

2. 举升器

举升器置于前后两根滚筒之间，多为气动装置，也有液压驱动和电动机驱动的。测试时，举升器处于下方，以便滚筒支撑车轮。测试前，举升器处于上方，以便汽车驶上检验台，测试后，靠气压（或液压、电动机）升起举升器，举起车轮，以便汽车驶离检验台。

3. 测量元件

即测量转速的传感器,其作用是测量滚筒的转动速度。通过转速传感器将滚筒的转速以电信号(模拟信号或脉冲信号)输出到信号处理装置。常用的转速传感器有:测速发电机式、光电编码器式、旋转编码器式和霍尔元件式等,现阶段车速表检验台多使用旋转编码器作为测量元件。按 GB/T 13563—2007 标准,转速传感器要求装在前滚筒上。

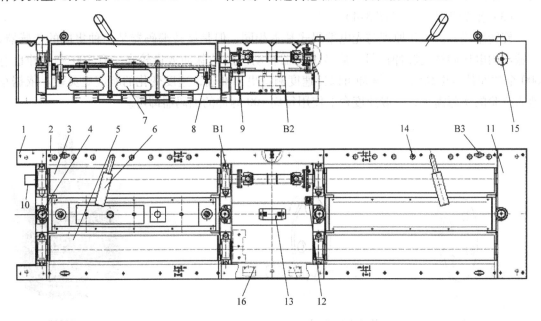

图 3-1　从动式车速表检验台结构图

1—框架　2—左轮出车端盖板　3—左轮前滚筒　4—轮胎挡板　5—左轮后滚筒　6—手动挡轮　7—举升气囊
8—滚筒制动蹄片　9—气路滤水调压器　10—旋转编码器　11—右侧边盖板　12—备用传感器安装架　13—气路电磁阀
14—手动挡轮插孔　15—框架侧顶螺栓　16—快速排气阀　B1—滚筒轴承　B2—前滚筒联轴器　B3—吊环

(1) 测速发电机式

测速发电机是一种永磁发电机,由于制造精密,它能够产生几乎与转速完全成正比的电压信号(图 3-2),将它安装在滚筒一端,当滚筒转动时,测速发电机就可以输出与转速成正比的电压。此信号经放大和 A/D 转换后送入单片机处理。

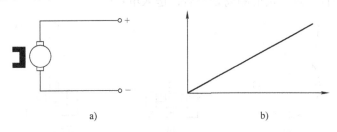

图 3-2　直流永磁测速发电机电路图及特征
a) 电路图　b) 特征曲线

(2) 光电编码器式(图 3-3)

它有一个带孔或带齿的编码盘,安装在滚筒的一端并随滚筒转动。有一对由光源和光接收器组成的光电开关,其中光源一般是发出红外光,光接收器多由光敏晶体管和放大电路组成,可将收到的光信号变为电信号。光源和光接收器分别置于编码盘的两侧,并彼此对准。当编码盘转动时,光源发出的光线周期性地被遮住,于是光接收器将收到断续的光信号,并转换成一系列的电脉冲,脉冲频率与滚筒转速成正比。将此脉冲信号经过光电隔离等环节之后,即送入单片机处理。

(3) 旋转编码器式(图3-4)

旋转编码器的工作原理与光电编码式基本相同,但是旋转编码器是一种集成的传感器,它输出的电压同样是脉冲信号。旋转编码器转动一周的脉冲数量较高,有100个脉冲也有600个脉冲甚至更高的,高脉冲可以使速度测量更加准确,速度变化的响应更灵敏。依据车速表检验的实际需求,一般速度台上使用每周100脉冲的编码器即可。

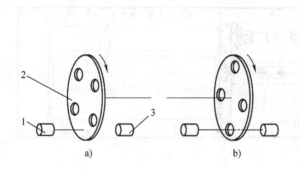

图3-3 光电式转速传感器原理图
a) 光线被遮住,接收器无信号
b) 光线未被遮住,接收器有信号
1—光源 2—光电编码盘 3—光接受器

图3-4 旋转编码器

(4) 霍尔元件式(图3-5)

霍尔元件式是利用霍尔效应原理。将带齿的圆盘固定在滚筒一端,并随滚筒一起转动,当圆盘的齿未经过导磁板时,有磁场经过霍尔元件,因而感应霍尔电动势。当圆盘的齿经过导磁板时,磁场被短路,霍尔电动势消失,所以霍尔元件可以产生与速度成正比的脉冲信号。此脉冲信号同样经过一定的隔离处理后,送入单片机。

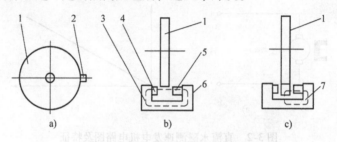

图3-5 霍尔元件式转速传感器原理图
a) 带齿圆盘形状 b) 圆盘的齿未经过导磁板,有磁力线经过霍尔元件 c) 圆盘的齿经过导磁板时,磁力线被短路
1—圆盘 2—齿 3—磁力线 4—霍尔元件 5—永久磁铁 6—导磁板 7—磁力线

4. 显示仪表

目前，多用智能型数字显示仪表，也就是一个单片机系统。来自传感器的模拟信号经放大、A/D转换或经滤波整形后进入单片机处理，再输出显示测量结果；若为数字编码信号，直接由计数器计数，计算单位时间内的脉冲数，或测量脉冲之间的时间来计算滚筒表面线速度。在全自动检测线上也有直接把速度传感器信号接到工位机（或主控机）上进行处理的，目前多用数字编码信号传感器进行信号处理。

5. 辅助部分

1）安全装置：车速台滚筒两侧设有挡轮，以免检测时车轮左右滑移损坏轮胎或设备。

2）滚筒抱死装置：汽车测试完毕出车时，如果只依靠举升器，可能造成车轮在前滚筒上打滑，为了防止打滑，增加滚筒抱死装置，与举升器同步。举升器升起的同时，抱死滚筒。举升器下降时放开。

3）举升保护装置：车辆在速度检验台上运转时，举升器突然上升会导致严重的安全事故，因而车速台设有举升器保护装置（软件或硬件保护），以确保滚筒转速低于设定值后（如5km/h）才允许举升器上升。

3.1.2 主动式车速表检验台

如图3-6所示，车速表的转速信号多数取自汽车变速器或分动器的输出轴，但对于后置发动机的汽车，由于车速表软轴过长会出现传动精度和寿命等方面的问题，所以部分车辆转速信号取自前从动轮。对这种车辆必须采用电动机驱动车速表检验台。测试时由电动机驱动滚筒与前从动轮旋转。这种检验台往往在滚筒与电动机之间装有离合器。若检验时将离合器分离，这种检验台又可作为从动式检验台使用。

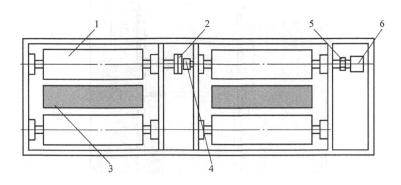

图3-6 主动式车速表检验台结构示意图

1—滚筒 2—联轴器 3—举升器 4—速度传感器 5—离合器 6—驱动电动机

3.1.3 摩托车速度表检验台结构

两、三轮摩托车速度表检验台的结构如图3-7所示，两轮摩托车速度表检验台结构见图3-8。检测时将车辆前轮停于主、副滚筒之间，由励磁调速电动机经滚筒带动车轮转动。

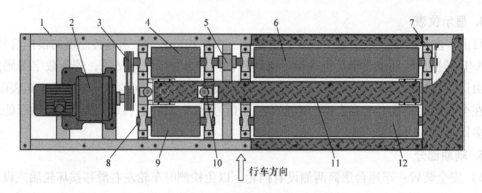

图 3-7 两、三轮摩托车速度表检验台结构图

1—框架 2—励磁调速电动机 3—传动带及带轮 4—左测速主滚筒 5—主滚筒联轴器 6—右测速主滚筒 7—测速（霍尔式）传感器及码盘 8—滚筒轴承 9—左测速副滚筒 10—摩托车轮胎挡轮 11—举升器 12—右测速副滚筒

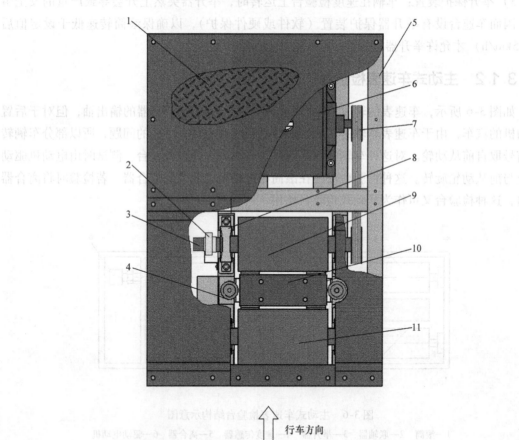

图 3-8 两轮摩托车速度表检验台结构图

1—检验台面板 2—编码器支架 3—测速传感器（编码器） 4—摩托车轮胎挡轮 5—框架 6—励磁调速电动机 7—传动带及带轮 8—滚筒轴承 9—主滚筒 10—举升器 11—副滚筒

3.2 车速表检验台测试原理

车速表检验台的结构如图 3-7、图 3-8 所示,检测时将汽车被测车轮停于前后滚筒之间,由车轮(或电动机)驱动滚筒旋转。旋转的滚筒相当于移动的路面,由此来模拟汽车在路面上行驶的实际状态。通过滚筒端部的码盘与测速传感器发生信号传递,传感器发出的脉冲信号频率随滚筒转速增高而增加,滚筒的转速与车速成正比,因此测速传感器脉冲频率与车速成正比。将采集到的脉冲信号经过计算〔滚筒的线速度(km/h)= 滚筒周长(mm)× 滚筒转速(r/min)× 60×10^{-6}〕,车轮的线速度与滚筒的线速度相等,经计算后的值即为汽车真实的车速。利用滚筒的线速度值与此时车辆在检测时速度表的显示值相比较,得出该车车速表的误差。车速表检验台信号经计算机或仪表计算处理后,显示结果打印输出。

3.3 车速表检验方法

3.3.1 汽车车速表检验方法

检验过程因仪表或计算机程序不同而略有区别,在此按有关国家标准的要求进行说明。测试过程应严格按要求操作,以避免造成对车辆的损伤及数据失准。

1. 检验前仪器及车辆准备

1)检验台滚筒表面清洁,无异物及油污,仪表清零。

2)车辆轮胎气压、花纹深度符合出厂标准规定;车辆清洁,轮胎清洁不得夹有泥、砂等杂物。

3)检查滚筒上是否沾有油、水、泥等杂物,若有应予以清除。

4)检查举升器动作是否自如,气缸(或液压缸)有无漏气(或漏油),如有应予以修理。

5)检查信号线的连接情况。若有接触不良或断路应予以修复。

2. 检验步骤

1)将车辆正直驶上检验台,驱动轮停放在测速滚筒的中间位置。

2)降下举升器或放松滚筒锁止机构,在非驱动轮前部加止动块(前轮驱动车辆使用驻车制动)。

3)对于从动式车速表检验台:起动汽车,缓慢加速,当车速表指示 40km/h 时,维持 3~5s 测取实际车速,检测结束,减速停车。

4)对于主动式车速表检验台:汽车变速器置于空档,起动电动机驱动滚筒缓慢加速,当车速表指示 40km/h 时,维持 3~5s 测取实际车速,检测结束,减速停车。

5)举起举升器或锁止滚筒,将车辆驶出检验台。

3. 注意事项

1）测速时车辆前、后方及驱动轮两旁不准站立人员。

2）检验结束后，检验员不可采取任何紧急制动措施使滚筒停止转动。

3）对于不能在车速表检验台上检验的车辆，只需在底盘动态检验时定性判断其车速表工作是否正常即可。

3.3.2 摩托车车速表检验方法

1. 检验前仪器及车辆准备

1）检验台滚筒表面清洁，无异物及油污，仪表清零。

2）轮胎气压、花纹深度符合出厂标准规定，胎面清洁。

2. 车速表检验

摩托车及最高设计车速大于40km/h的轻便摩托车应进行车速表指示误差检验，检验方法如下：

1）将被测试车轮推上车速表检验台的前、后滚筒之间。

2）扶正方向把，起动夹紧装置夹紧非测试车轮，使被测车轮尽可能与滚筒成垂直状态。

3）起动电动机逐渐加速，当车辆速度表指示值达到规定的检测速度（30km/h）时，读取车速表检验台的数值，数值在23.6~30km/h时为合格。

4）检测完毕，关闭电动机，松开车轮夹紧装置，将车辆推下车速表检验台。

3. 注意事项

1）车辆进入检验台时，轮胎不得夹有泥、砂等杂物；

2）测速时车辆前方及两旁不准站立人员。

3）在检验台滚筒旋转时，不得转动方向把，不得在检测台上紧急制动。

4）车轮任何时候均不能与检测台上除滚筒以外的其他部位发生摩擦或碰撞。

3.4 车速表检验标准限值及误差原因分析

3.4.1 车速表检验标准限值

车速表检验标准限值的依据为 GB 7258—2017《机动车运行安全技术条件》。

车速表指示误差的检验应在滚筒式车速表检验台上进行。对于无法在车速表检验台上检验车速表指示误差的机动车（如全时四轮驱动汽车、具有驱动防滑控制装置的汽车等），在底盘动态检验时定性判断其车速表工作是否正常即可。

将被测机动车的车轮驶上车速表检验台的滚筒上使之旋转，当该机动车车速表的指示值（v_1）为40km/h时，车速表检验台速度指示仪表的指示值（v_2）为32.8~40km/h范围内为合格。

当车速表检验台速度指示仪表的指示值（v_2）为40km/h时，读取该机动车车速表的指示值（v_1），当 v_1 的读数在 40～48km/h 范围内为合格。

摩托车速度合格范围（车速表的指示值为 30km/h 时）：实际车速 23.6～30km/h。

3.4.2 车速表误差产生的原因分析

随着汽车使用年限的增加，车速表的误差往往会逐渐增大。造成车速表失准的原因，主要有两个方面：一方面是车速表本身的问题，另一方面也与轮胎的状况有关。

1. 车速表自身的原因

先看机械式车速表的结构。不论是磁电式或电子式车速表，其主轴都是由与变速器相连的软轴驱动的。对于磁电式车速表（车速表通常与里程表合在一起，如图3-9所示），当主轴旋转时，与主轴固定连接的永久磁铁也一起旋转，其磁场会在铝罩上感应涡流，产生的涡流力矩引起铝罩偏转，并带动游丝和指针偏转。最后，达到涡流力矩与游丝的弹性反力矩相平衡。车速越高，涡流力矩越大，指针偏转的角度也越大。对于电子式车速表来说，主轴的转动会引起传感器产生与主轴转速成正比的脉冲信号，经电子线路处理后，送到仪表引起指针偏转或给出数字指示。

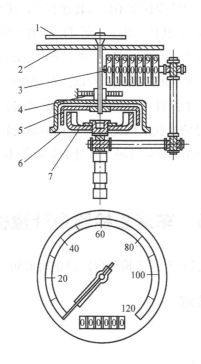

图 3-9 磁电式车速表

1—指针 2—刻度盘 3—数字轮 4—游丝 5—磁屏 6—铝罩 7—永久磁铁

当汽车长期使用后，车速表内的机械零件难免出现磨损变形，永磁元件可能退磁老化，这些因素都会车速表指示值误差增大。

再看电子式车速表的结构。车轮上都安装有 ABS 传感器，根据传感器检测的数据（车轮转动的圈数）和车轮的理论直径，车载电脑 ECU 计算出汽车的实际车速，传送到仪表盘的车速表单元（如图 3-10 所示）显示。随着时间延长车辆传感器的位置可能发生变化，从而使车载电脑得到的数据失真。

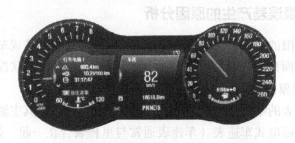

图 3-10　车速表单元

2. 轮胎方面的原因

由车速表的工作原理可知，车速表的指示值仅仅是与车轮的转速成正比，而汽车行驶的速度相当于驱动轮的线速度，显然线速度不仅与转速有关，还与车轮的半径有关。

理论上，若驱动轮半径为 r，其转速为 n，则可以算出汽车行驶的线速度为

$$v = 2\pi rn/60 \text{ (m/s)} \approx 0.377rn \text{ (km/h)}$$

实际上，由于轮胎是一个充气的弹性体，所以汽车行驶时，轮胎受到垂直载荷、车轮驱动力和地面阻力等的作用会发生弹性变形。另外，轮胎磨损、气压不符合标准（过高或不足）等原因也会影响车轮半径的变化。因此，即使在驱动轮转速不变（车速表的指示也不变）的情况下，上述原因也会引起实际车速与车速表指示值不一致的现象。

3.5　车速表检验台计量检定

依据 JJG 909—2009《滚筒式车速表检验台》检定要求如下。

3.5.1　外观及技术要求

1. 计量性能要求

1）滚筒外径允许误差：±0.5%。

2）零值误差：±0.5km/h。

3）零点漂移：15min 内的零点漂移 ±0.5km/h。

4）示值误差：±3.0%。

2. 通用技术要求

（1）外观

车速台应有清晰的铭牌，铭牌上标明设备名称、规格型号、额定载荷、滚筒直径、额定

或允许的最大测速值、制造厂名、生产日期、出厂编号等。漆膜外观整洁、完好，台架无明显裂痕及变形。

（2）一般要求

开关、按钮、插座及接线端子等应有明显的文字或符号标志，操作件应灵活可靠。滚筒表面完好、转动灵活、活动部件功能完好。数显式：显示仪表清晰，不应有影响读数的缺陷，速度测试示值采样保留时间不小于8s，显示不应有缺笔画、闪烁等现象。指针式：多段显示应有显示段的转换指示，表盘刻度清晰，指针摆动平稳，没有跳动、卡滞等现象。

3.5.2 试验方法

1. 通用技术要求

外观及一般要求：通过目测和手动检查，应符合3.5.1小节中"2."的要求。

2. 计量性能要求

（1）滚筒外径允许误差

用游标卡尺分别测量左、右主滚筒（安置有传感器）的两端和中间共三点的外径，按式（3-1）分别计算左、右主滚筒外径允许误差，取左、右主滚筒外径允许误差中的大者作为检定结果值

$$\delta_D = \frac{\overline{D} - D}{D} \times 100\% \tag{3-1}$$

式中　δ_D——左（或右）滚筒外径允许误差（%）；

　　　$\overline{D}$——左（或右）主滚筒外径三点测量值的平均值（mm）；

　　　D——车速台主滚筒标称外径值（mm）。

（2）零值误差

将车速台显示仪表调零后转动滚筒，然后使滚筒自由停转，记录每一次偏离零位的值，连续三次。三次中最大偏离零位的值即为零值误差。

（3）零点漂移

车速台调整零位后，每隔5min观察一次显示仪表，连续三次。每次零点漂移值均应符合要求。

（4）示值误差

1）在车速台主滚筒上做好明显标记，并安装好转速表（或测速仪）。

2）将汽车缓慢地驶入车速台，当驱动轮置于前、后滚筒之间，并与前、后滚筒可靠接触。驱动车速台滚筒使其稳速旋转。当车速台示值在30km/h、40km/h、60km/h时，同时分别记录车速台显示仪表示值和转速表（或测速仪）的示值。每个点重复三次，按式（3-2）或式（3-3）计算各点三次测量的示值误差。将各点三次测量计算出的示值误差取平均值作为该点检定值。各点检定值均应符合要求。

用非接触式转速表测量时

$$\delta_{vi} = \left(\frac{V_i \, 10^5}{6\pi \overline{D} n_i} - 1 \right) \times 100\% \qquad (3-2)$$

式中　δ_{vi}——第 i 测量点时车速台示值误差（%）；
　　　V_i——第 i 测量点时车速台示值（km/h）；
　　　n_i——第 i 测量点时非接触式转速表测量得转速（r/min）；
　　　$\overline{D}$——车速台左、右主滚筒外径测量值的平均值（mm）。

用测速仪测量时

$$\delta_{vi} = \left(\frac{V_i}{V_{oi}} - 1 \right) \times 100\% \qquad (3-3)$$

式中　V_{oi}——第 i 测量点时测速仪测量得速度值（km/h）。

第 4 章 汽车侧滑检验

侧滑台是使汽车从滑动板上驶过，用测量滑动板左右移动量的方法来测量车轮滑移量的大小和方向，并判断是否合格的一种检验设备。它的现行产品制造执行标准为 JT/T 507—2004《汽车侧滑检验台》。侧滑台分双滑板联动汽车侧滑台和单板汽车侧滑台，其中双滑板联动汽车侧滑台又以双板联动式为多见。实际使用中，双板联动汽车侧滑台和单板汽车侧滑台均占据着一定的比例，因此下面主要将针对这两种侧滑台予以介绍。

汽车侧滑产生的原因

前轮是汽车的转向轮。为了保证汽车具有良好的操控稳定性，转向轮（通常为前轮）所在平面以及主销轴线是设计成与汽车纵向或横向前垂面成一定角度的。这些角度参数包括主销内倾角、主销后倾角、车轮外倾角、前轮前束，合称转向轮（前轮）定位参数。汽车转向轮（前轮）的前束值与外倾角值如果配合不当，那么转向轮在向正前方滚动的同时还要产生相对于地面的横向滑移，即侧滑。侧滑量过大会直接影响到汽车的操纵稳定性和安全性，并加大轮胎的异常磨损。

我们首先看一下前轮外倾和前轮前束的含义。前轮外倾如图 4-1 所示，其作用一方面是为了避免汽车承重后，前梁变形引起前轮出现内倾，从而加速轮胎的磨损和加大轮毂外侧轴承负荷。同时，有了车轮外倾角也可以适应拱形路面。

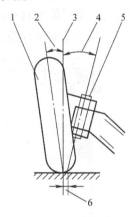

图 4-1　前轮外倾
1—转向车轮　2—车轮外倾角
3—铅垂线　4—主销内倾角
5—转向节主销　6—主销偏心距

车轮有了外倾角以后，在滚动时，就会类似于圆锥的滚动，出现两个车轮企图向各自的外侧滚开的趋势。由于受到横直拉杆和车桥的约束不可能向外滚开，于是车轮将在地面上出现边滚边滑（向内）的现象，从而增加了轮胎磨损。

为了消除前轮外倾带来的不良后果，在安装前轮时，人为地使两轮中心平面不平行。在沿前进方向上，两轮前端距离小于后端距离，如图 4-2 所示，B 与 A 之差就称为车轮前束值。

由于前束的作用，车轮在前进时，两轮会力图向内侧滚动。同样由于机械上的约束，车轮不可能向内侧滚动，这就又出现了车轮边滚动边向外侧滑移的现象（或存在这种倾向）。

为保证汽车转向车轮无横向滑移的直线滚动，要

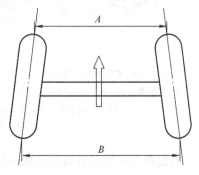

图 4-2　车轮前束

求车轮外倾角和车轮前束有适当配合,当车轮前束值与车轮外倾角匹配不当时,车轮就可能在直线行驶过程中不做纯滚动,产生侧向滑移现象。当这种滑移现象过于严重时,将破坏车轮的附着条件,丧失定向行驶能力,转向沉重,导致轮胎的异常磨损,易引发交通事故。

4.1 侧滑检验台结构

4.1.1 双板联动式汽车侧滑台结构

双板联动式侧滑台分为普通型、单放松板、双放松板(图4-3)三种,每一种都是由左右两块滑板分别支撑在各自的四个滚轮上,滑板与其连接的导向轴承在轨道内滚动,使滑板只能沿左右方向滑动。两块滑板通过中间的联动机构连接,保证了两块滑板做同时向内或同时向外的运动。相应的位移量通过位移传感器转变成电信号送入仪表。回零机构保证汽车前轮通过后,滑板能够自动回零。锁止机构能在设备空闲或设备运输时,保护传感器及联动机构。润滑机构能够保证滑板轻便自如地移动。

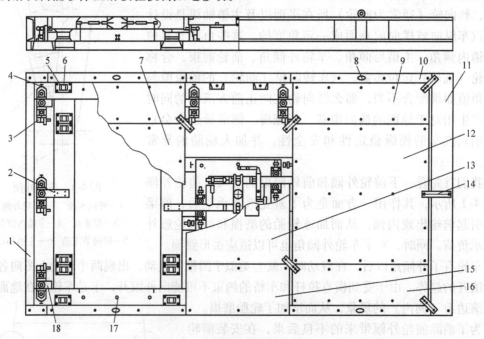

图4-3 双放松板型侧滑台结构图
1—框架 2—左滑板外侧导向杆 3—左滑板限位螺栓 4—滑板导向组件调整螺栓 5—滑板滚子槽 6—滚子 7—左滑板台面 8—吊环 9—右滑板出车端放松板 10—出车端小盖板 11—右滑边盖板 12—右滑板台面 13—中间盖板 14—运输固定条 15—前部中间盖板 16—右滑板进车端放松板 17—框架调平螺栓 18—放松板导向杆

放松板的作用是释放掉轮胎从路面上刚刚滚动到侧滑台时,由于轮胎形变的应力释放而产生的侧向移动力。由于车轮有前轮前束和车轮外倾角度,使车轮不是正直的滚动,这样轮胎在与地面接触的时候会出现轮胎的变形,而这种变形在遇到可以横向自由移动的面板时,会释放到侧滑台的测试板面上，从而导致测试结果不单纯是侧滑量，还加入了轮胎变形量，引起了较大的检测误差。放松板是自由横向移动的板面，布置在测试板面进车、出车方向起到释放应力的效果。进车方向放松板相对来讲比出车方向的作用更明显一些。出车方向的放松板是为了避免轮胎刚压到地面时产生的变形。

4.1.2　单板汽车侧滑台机械结构

单板汽车侧滑台的组成部件为：底板、滑动板、引板（根据情况选配）导向轴承、回位弹簧及调整螺栓等（图4-4）。

在机架底板中间位置固定一个位移传感器。通过上滑板上的顶块进行位移量传递，并将位移量转变成电信号，输入计算机信号采集系统进行处理。

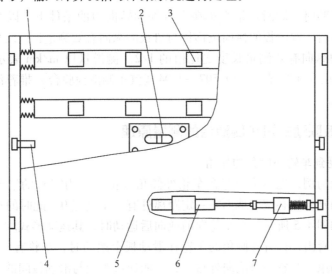

图 4-4　单板汽车侧滑台
1—滚子架回位弹簧　2—滑动板回位机构　3—滚子　4—防侧翻定位销
5—滑动板　6—位移量传感器　7—传感器调整装置

4.1.3　电气部分工作原理

电气部分按传感器的种类不同而有所区别。目前常用的位移传感器有电位计式和差动变压器式两种。早期的侧滑台也有用电动机式测量装置的，现已很少用。

1. 电位计式测量装置

它的原理非常简单，将一个可调电阻安装在侧滑试验台底座上，其活动触点通过传动机构与滑板相连，电位计两端输入一个固定电压（比如5V），中间触点随着滑板的内外移动也发生变化，输出电压也随之在 0~5V 之间变化，把 2.5V 左右的位置作为侧滑台的零点，如果滑板向外移动，输出电压大于 2.5V，达到外侧极限位置输出电压为 5V。滑板向内移动，输出电压小于 2.5V，达到内侧极限输出电压为 0V。这样仪表就可以通过 A-D 转换将侧滑传感器电压转换成数字量，并送入单片机处理，得出侧滑量的大小。

2. 差动变压器式测量装置

它的原理与电位计式类似，只是电位计式输出一个正电压信号，而差动变压器式输出的是正负两种信号。把电压为 0V 时的位置作为零点。滑板向外移动输出一个大于 0V 的正电压，向内移动输出一个小于 0V 的负电压。同样，仪表就可以通过 A-D 转换将侧滑传感器电压转换成数字量，并送入单片机处理，得出侧滑量的大小。

3. 指示仪表

指示仪表可分为数字式和指针式两种，目前检验站普遍使用的是数字式仪表，早期电动机式测量装置一般采用指针式仪表。数字式仪表多为智能仪表，实际就是一个单片机系统。

4.2 侧滑检验台工作原理

在侧滑台上检验时，侧滑量指汽车在没有外加转向力的条件下，以车速不大于 5km/h 直线行驶通过检验台，双滑板的横向位移量与滑板的纵向有效测量长度之比值，单滑板的横向位移量与滑板的纵向有效测量长度之比值的 1/2。侧滑量以 m/km 表示。滑板向内为负（-）值、向外为正（+）值。JT/T 507—2004《汽车侧滑检验台》推荐滑板的纵向有效测量长度为 1000mm。

4.2.1 双板联动式汽车侧滑台的测量原理

1. 滑动板仅受到车轮外倾角的作用

这里以右前轮为例，先讨论只存在车轮外倾角（前束角为零）的情况。具有外倾角的车轮，其中心线的延长线必定与地面在一定距离处有一个交点 O。此时的车轮相当于一个圆锥体的一部分，如图 4-5 所示，在车轮向前或向后运动时，其运动形式均类似于滚锥。

从图 4-5 可以看出，具有外倾角的车轮在滑动板上滚动时，车轮有向外侧滚动的趋势，由于受到车桥的约束，车轮不可能向外移动，从而通过车轮与滑动板间的附着作用带动滑动板向内运动。

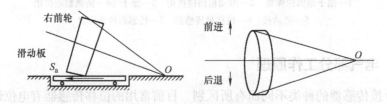

图 4-5 具有外倾角的车轮在滑动板上滚动的情况（右前轮）

运动方向如图 4-5 所示。此时滑动板向内移动的位移量记为 S_a（即由外倾角所引起的侧滑分量）。按照约定，具有外倾角的车轮，由于其类似于滚锥的运动情况，因而无论其前进还是后退时所引起的侧滑分量均为负。反之，内倾车轮引起的侧滑分量均为正。

2. 滑动板仅受到车轮前束的作用

这里仅讨论车轮只存在前束角，而外倾角为零时的情况。前束是为了消除具有外倾角的车轮类似于滚锥运动所带来的不良后果而设计的。

具有前束的车轮在前进时，由于车轮有向内滚动的趋势，但因受到车桥的约束作用，在实际前进驶过侧滑台时，车轮不可能向内侧滚动，从而会通过车轮与滑动板间的附着作用带动滑动板向外侧运动。此时，车轮在滑动板上做纯滚动，滑动板相对于地面有侧向移动，其运动方向如图4-6所示。此时测得的滑动板的横向位移量记为S_t（即由前束所引起的侧滑分量）。遵照约定，前进时，由车轮前束引起的侧滑分量S_t大于或等于零。反之，仅具有前张角的车轮在前进时，由车轮前张（负前束）引起的侧滑分量S_t小于或等于零。

当具有前束的车轮后退时，若在无任何约束的情况下，车轮必定向外侧滚动，但因受到车桥的约束作用，虽然它存在着向外滚动的趋势，但不可能向外侧滚动，从而会通过其与滑动板间的附着作用带动滑动板向内侧移动，其运动方向如图4-6所示。此时测得滑动板向内的位移记为S_t，遵照约定，仅具有前束角的车轮在后退时，通过侧滑台所引起的侧滑分量S_t小于或等于零。反之，仅具有前张角的车轮在轮后退时，通过侧滑台所引起的侧滑分量S_t大于或等于零。

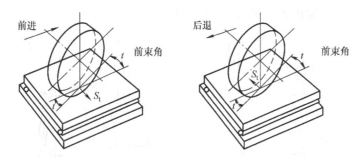

图4-6　具有前束的车轮在滑动板上滚动的情况（右前轮）

综上可知，前束值为正的车轮，在前进时驶过侧滑台时所引起的侧滑量为正值，在后退时驶过侧滑台所引起侧滑量分量为负值。反之，前束值为负的车轮，在前进时驶过侧滑台时所引起的侧滑分量为负值，在后退时驶过侧滑台所引起的侧滑分量为正值。

3. 滑动板同时受到车轮外倾角和前束角的作用

汽车转向轮同时具有外倾角和前束角，在前进时由外倾所引起的侧滑分量S_a，与由前束所引起的侧滑分量S_t为反方向，因而两者相互抵消。在后退时两者方向相同、两分量相互叠加。在外倾角及前束值不大的情况下，可以认为S_a和S_t在前进和后退过程中，侧滑分量数值不变。

设车轮在前进时通过侧滑台所产生的侧滑量为A，在后退时的侧滑量为B，假设前进时的侧滑量就是S_a和S_t简单叠加（或抵消）关系，得出下列结论：

1）若前进时的侧滑量A为正数，后退时的侧滑量B为另一正数，则侧滑量主要是由外倾所引起的。

2）若前进时的侧滑量A为负数，后退时的侧滑量B为正数，则侧滑量主要是由前束所引起的。

3）外倾角引起的侧滑量：$S_a = (A+B)/2$。

4）前束所引起的侧滑量：$S_t = (A-B)/2$。

遵循上述分析和讨论，我们可以得到其余三种组合情况下侧滑台板的运动规律，从车轮外倾、车轮内倾、车轮前束和前张四个因素中，判断出是哪个因素引起的侧滑量。因此可有效地指导维修人员调整车轮前束及车轮外倾角。

4.2.2 单板汽车侧滑台的测量原理

单滑板汽车侧滑台仅用一块滑板,如图 4-7 所示。汽车左前轮从单滑动板上通过,右前轮从地面上行驶。若右前轮正直行驶无侧滑即侧滑角 β 为零,而左前轮具有侧滑角 α 向内侧滑时,如图 4-7a 所示,通过车轮与滑动板间的附着作用带动滑动板向左移动距离 b。若右前轮也具有侧滑角 β,同样右前轮相对左前轮也会向内侧滑,此时,滑动板向左移动距离 c,并由于左前轮同时向内侧滑的量为 b,则滑动板的移动距离为两前轮向内侧滑量之和,即 $b+c$,如图 4-7b 所示。上述 $b+c$ 距离可反映出汽车左右车轮总的侧滑量及侧滑方向。也就是说,采用单板式侧滑台测量汽车的侧滑量时,虽然是一侧车轮从滑动板上通过,但测量的结果并非是单轮的侧滑量,而是左右轮侧滑量的综合反映。根据这一侧滑量可以计算出每一边车轮的侧滑量,即单轮的侧滑量为 $(b+c)/2$。

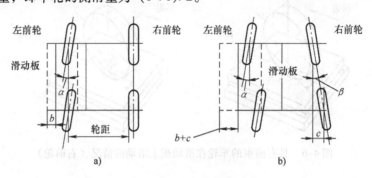

图 4-7 单滑板汽车侧滑台的测量原理分析
a) 距离为 b b) 距离为 $b+c$

需要引起注意的是,车轮在驶入侧滑台前由于车轮侧滑量的作用,车轮与地面间接触产生的横向应力会迫使车轮产生变形,而在驶上侧滑板的瞬间,变形产生的应力将迅速释放,并引起滑板移动量大于实际侧滑量引起的位移。与之类似,在驶出滑板的瞬间,已接触地面部分的轮胎将积聚应力阻碍滑板移动,从而使滑板位移量小于实际值。

4.3 侧滑检验台检验方法

1. 设备要求

转向轮横向侧滑量的检验应在侧滑检验台上进行,侧滑检验台必须具有轮胎侧向力释放功能。

2. 检验程序

将车辆正直居中驶近侧滑检验台,并使转向轮处于正中位置,在驱动状态以不大于 5km/h 的车速平稳、直线通过侧滑检验台,读取最大示值。

3. 检验注意事项

车辆通过侧滑检验台时,不得转动转向盘;不得在侧滑检验台上制动或停车;应保持侧滑检验台滑板下部的清洁,防止锈蚀或阻滞。

4.4 侧滑检验标准限值及不合格原因分析

依据 GB 7258—2017《机动车运行安全技术条件》规定，对前轴采用非独立悬架的汽车，其转向轮的横向侧滑量，用侧滑台检验时，侧滑量值应小于或等于 ±5m/km。

为便于检验人员对车辆前束、前轮外倾引起的滑板移动方向有明确的认识，下面以图示说明。

1）汽车前进时，滑动板向外移动，可能原因包括：
① 前束值过大，见图 4-8。
② 前轮外倾角与该车外倾角基准值相比偏小，见图 4-9。

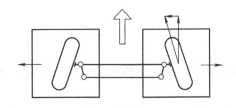

图 4-8　前束值过大

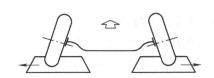

图 4-9　前轮外倾角不对

2）汽车前进时，侧滑板向内移动，可能原因包括：
① 前轮前束值偏小或为负值，见图 4-10。
② 前轮外倾角过大，见图 4-11。

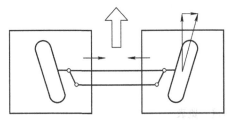

图 4-10　前束值偏小

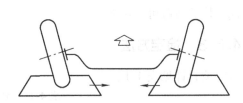

图 4-11　前轮外倾角过大

3）汽车前进和后退时，无论滑动板移动方向相同还是相反，绝对值之差都较大，属前轮外倾角异常或转向系统杆件球头磨损后松旷所致。

4.5　侧滑检验台计量检定

依据 JJG 908—2009《汽车侧滑检验台》，具体检定要求如下所述。

4.5.1　计量性能要求

1. 零点漂移

侧滑检验台的零点漂移 15min 内不大于 0.2m/km。

2. 零值误差

±0.2m/km。

3. 示值误差

±0.2m/km。

4. 示值重复性

0.1m/km。

5. 滑板位移同步性

双板联动式侧滑检验台左、右滑板位移同步性不大于0.1mm。

6. 滑板移动所需作用力

1）滑板从零位开始移动0.1mm时：所需作用力不大于60N。

2）滑板从零位开始移动至侧滑量5m/km时：所需作用力不大于120N。

4.5.2 通用技术要求

1. 外观及一般要求

1）侧滑检验台应有清晰的铭牌，铭牌上标明设备名称、规格型号、额定载荷、测试量程、制造厂名、生产日期、出厂编号等。

2）滑板移动应灵活平稳，没有明显的阻滞和晃动现象。沿车辆行驶方向滑板不应有明显的窜动现象。

3）数字式仪表：显示应清晰稳定，不应有影响读数的缺陷。

4）指针式仪表：多段显示应有显示段的转换指示，表盘刻度清晰，指针不弯曲，摆动灵活、平稳，没有跳动、卡滞等现象。

2. 电气安全性

侧滑检验台应可靠接地。

4.5.3 检定方法

检定项目详见表4-1。

表4-1 检定项目一览表

	检定项目	首次检定	后续检定	使用中检验
通用技术要求	外观及一般要求	+	-	-
	电气安全性	+	-	-
计量性能要求	零点漂移	+	+	+
	零值误差	+	+	+
	示值误差	+	+	+
	示值重复性	+	+	+
	滑板位移同步性	+	+	+
	滑板移动所需作用力	+	+	+

注："+"表示必检项目，"-"表示选检项目。

1. 通用技术要求

1）外观及一般要求：通过目测和手动检查。

2）电气安全性：人工检查侧滑检验台及仪表的保护接地状况。

2. 计量性能要求

（1）零点漂移

预热 15min，调整好数显式侧滑检验台的零位。每隔 5min 观察 1 次，连续 3 次，每次漂移零位值均应符合 4.5.1 小节中"1."的要求。

（2）零值误差

如图 4-12 所示。安装百分表和挡位工具，百分表测量杆轴线应与滑板移动方向一致，调整好仪表及百分表零位。向内、向外移动滑板，当侧滑量分别为 3.0m/km 和 0.4m/km 时，释放使滑板自由回位。上述过程重复 3 次，分别记录，每次回位后示值均应符合 4.5.1 小节中"2."的要求。

（3）示值误差

侧滑检验台的检定应在 3m/km、5m/km、7m/km 3 个测试点进行。常见的滑板有效测量长度与各检定点百分表的关系如表 4-2 所示。

表 4-2 滑板移动量一览表

滑板有效长度/m	检定点为3m/km时的百分表示值/mm	检定点为5m/km时的百分表示值/mm	检定点为7m/km时的百分表示值/mm
1.0	3.0	5.0	7.0
0.8	2.4	4.0	5.6
0.5	1.5	2.5	3.5

用微动工具缓慢推动滑板，使滑板移动，当百分表的示值分别为表 4-2 中各点时，读取侧滑检验台仪表示值，按此方法向内、向外各重复 3 次，按式（4-1）计算各检定点示值误差，其示值误差应符合 4.5.1 小节中"3."的要求。

$$\Delta_i = \overline{X_i} - X_o \tag{4-1}$$

式中　Δ_i——第 i 检定点示值误差（m/km）；

　　　$\overline{X_i}$——第 i 检定点仪表 3 次示值平均值（m/km）；

　　　X_o——第 i 检定点标准值（m/km）。

（4）示值重复性

重复性的检定在进行示值误差检定的同时进行，将各测量点 3 次示值之间的最大值与最小值之差，作为检定结果示值重复性，应符合 4.5.1 小节中"4."的要求。

（5）滑板位移同步性

按图 4-12 的方法，在左、右滑板均安置百分表及挡位工具，并同时调整好左、右百分表零位，向内、向外分别推动左、右滑板，当侧滑量为 5.0m/km 时，读取左、右百分表的示值，其左、右百分表示值之差应符合 4.5.1 小节中"5."的要求。

（6）滑板移动所需作用力

按图 4-12 的方法固定百分表和挡位工具，使百分表测量杆轴线与滑板移动方向一致，并调整好左、右百分表零位。用测力计移动滑板（向内、向外拉动滑板），当百分表变化 0.1mm 时测力计示值应符合 4.5.1 小节的要求。当侧滑量绝对值为 5.0m/km 时测力计示值应符合 4.5.1 小节中 "6." 的要求。

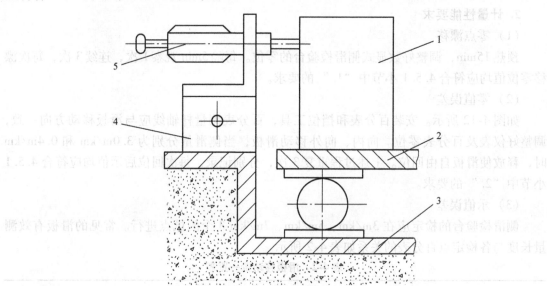

图 4-12 安装百分表和挡位工具
1—挡位工具 2—滑板 3—基座 4—磁性表座 5—百分表

第 5 章 汽车轴（轮）重检验

轴（轮）重检验台用于分别测定汽车各轴（轮）的垂直载荷，提供在汽车制动检验时，计算各轴及整车的制动效能时所需的轴（轮）重数据。

从原理上看，轴（轮）重检验台可以分为机械式和电子式两类。机械式是一种传统的形式，它是依据杠杆原理制成的，因功能简单、精度较低、不便于联网，目前已很少使用。电子式轴（轮）重检验台多配有智能化仪表，因其功能强、精度高，目前已获得广泛应用。

5.1 轴（轮）重检验台结构

电子式轴（轮）重检验台可分为轴重台和轮重台。轴重台是整个承重台面为一刚性连接整体，左右车轮停在同一台面上直接测取轴重；轮重台分左、右两块相互独立的承重板，通过测取左、右轮重计算轴重，测试精度较高。为满足 GB 7258—2017《机动车运行安全技术条件》的相关规定，必须采用能分别测量和显示左、右车轮重量的轮重台。

轴（轮）重检验台主要由框架和承重台面及电子仪表组成。其中，机械部分又称为称体，是轴（轮）重计的主体部分，而电子仪表则主要起显示作用。显然，能独立测量和显示左、右车轮的轮重台需具有两个称体，分别安装在左右框架内。

称体包括框架、承载台面及传感器装置等。承重台面四角分别固定 4 只压力应变传感器，如图 5-1 所示。当传感器受到压力时，电阻应变片的电阻值发生变化，进而能够输出一个与所受压力成正比的电压信号。

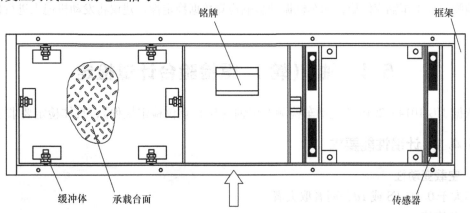

图 5-1 轮重检验台整体结构

5.2 轴（轮）重测量原理

不论检验台结构如何，都必须满足以下两个基本条件：第一，所有传感器承受的总重量应与被测轴重相适应；第二，在允许使用的范围内，测量结果应与车轮在承载板上停放的位置无关。

我们分析一下上述轴（轮）重仪的测量原理。设轮重为 W，其重心位于台面上任意一点 M，四个传感器将会受到大小不等的压力。根据力学常识不难理解，这四个力的大小、比例与 M 点的位置有关。但是四个传感器的支撑力之和必定等于轮重 W。因为台面在轮重 W 和 4 个传感器支撑力的作用下是保持平衡的，而且与 M 点的位置无关。因此，我们只要采集这 4 个传感器输出的电信号，经放大滤波后，送往仪表或 A/D 转换器转换成数字信号，经计算机或仪表计算处理后，显示结果打印输出。

在实际使用中，若被测重量过于偏离承载台面中心，则可能会增大测量误差。所以实际测量时，还应该尽量使车轮停放在检验台上的中心位置。

5.3 轴（轮）重的检验方法

1. 检验前仪器及车辆准备

1) 仪器清零。
2) 车辆轮胎气压、轮胎规格符合标准规定。

2. 检验程序

1) 被检车正直居中行驶，将被测轴停放于轴重台面的中央位置，停稳。
2) 系统读取左、右轮重数据。
3) 按以上程序依此测试其他车轴。

3. 注意事项

检测过程中车辆应停稳，如车辆振动影响检测数据稳定性，建议将发动机熄火进行检测。

5.4 轴（轮）重检验台计量检定

依据 JJG 1014—2019《机动车检测专用轴（轮）重仪检定规程》，具体检定要求如下。

5.4.1 计量性能要求

1. 空载变动性

不大于 0.1% FS 或 $1d$，两者取大者。

2. 分度值

指示装置和打印装置应具有相同的分度值。分度值 d 的规定见表 5-1。

表 5-1　不同测量范围与分度值的关系

测量范围/kg	分度值/kg
$m \leqslant 3000$	$d \leqslant 1$
$3000 < m \leqslant 13000$	$d \leqslant 2$
$m > 13000$	$d \leqslant 5$

3. 零点漂移

不大于 0.1%FS 或 $1d$，两者取大者。

4. 偏载

不大于该检定点最大允许误差绝对值的四分之一。

5. 示值误差

示值误差应满足表 5-2 给出的最大允许误差的要求。

表 5-2　最大允许误差

载荷	最大允许误差（MPE）
$m \leqslant 10\%\text{FS}$	±0.2%FS
$m > 10\%\text{FS}$	±2%

注：FS 表示轴（轮）重仪承载质量的满量程，是英文"FullScale"的缩写。

6. 左、右承载器示值间差

不大于该检定点最大允许误差的绝对值。

7. 重复性

不大于该检定点最大允许误差绝对值的二分之一。

5.4.2　鉴定方法

1. 通用技术要求

通过目测检查轴（轮）重仪，应符合下列要求。

1）轴（轮）重仪铭牌固定在轴（轮）重仪的醒目位置，其尺寸合适、字迹清晰易读，包含制造厂、设备名称、规格型号、测量范围、出厂编号、出厂日期等基本信息。

2）承载器台板表面应平整，不应有明显变形。

3）称重显示器不应有影响读数的缺陷。

2. 计量性能要求

按照要求开机预热待稳定后，预加载一次。

（1）空载变动性

调整轴（轮）重仪的零点。加载约 10%FS 后再卸载，记录空载的示值。重复三次，其最大偏离零点的示值应不大于 0.1%FS 或 $1d$，两者取大者。

（2）分度值

在加载过程中目测检查轴（轮）重仪显示仪表分度值，应符合表 5-1 的要求。

（3）零点漂移

轴（轮）重仪重新调整零点后，在 30min 内每隔 10min 观察示值一次，记录其示值，其最大偏离零点的示值应不大于 0.1%FS 或 $1d$，两者取大者。

（4）偏载

用不小于 1%FS 的固定载荷，在承载器前左、前右、后左、后右四个角不同位置分别加载，各示值间的差值应符合表 5-2 的要求。

注：摩托车轮重仪因承载器尺寸限制，此项目可不检定。

(5) 示值误差

1) 砝码检定法。向被检轴（轮）重仪的承载器上加砝码，从零点至最大测量范围，至少应选择 3 个检定点，其中应包括约 10% FS、50% FS 和 100% FS。如果是承载器尺寸的原因，无法对测量范围上限（或接近测量范围上限）的测量点进行检定时，可以检定至实际使用的最大测量点。

示值误差应不超过表 5-2 中规定最大允许误差，按式（5-1）、式（5-2）计算示值的绝对误差或相对误差。

加砝码和卸砝码时，应分别以逐渐递增或递减的方式进行。

当 $m \leq 10\%$ FS 时，
$$\Delta_i = x_i - m_i \tag{5-1}$$

式中 Δ_i——第 i 检定点的示值误差（kg）；
x_i——第 i 检定点轴（轮）重仪的示值（kg）；
m_i——第 i 检定点加载砝码质量（kg）。

当 $m > 10\%$ FS 时，
$$\delta_i = \frac{x_i - m_i}{m_i} \times 100\% \tag{5-2}$$

式中 δ_i——第 i 检定点的示值误差（kg）；
x_i——第 i 检定点轴（轮）重仪的示值（kg）；
m_i——第 i 检定点加载砝码质量（kg）。

2) 标准测力仪检定法。检定时应保证压力通过传感器轴线垂直作用在轴（轮）重仪的承载器上。至少应选择 3 个检定点，其中应包括约 10% FS、50% FS 和 100% FS。对于整备质量轴（轮）重仪，至少配备 2 组反力架和标准测力仪同时加载检定，单组加载载荷应不超过 50% FS。

示值误差应不超过表 5-2 中规定的最大允许误差，按式（5-3）、式（5-4）计算示值的绝对误差或相对误差。

当 $m \leq 10\%$ FS 时，
$$\Delta_i = x_i - F_i/g \tag{5-3}$$

式中 Δ_i——第 i 检定点的示值误差（kg）；
x_i——第 i 检定点轴（轮）重仪的示值（kg）；
F_i——第 i 检定点力传感器的示值（N）；
g——重力加速度（9.8m/s）。

当 $m > 10\%$ FS 时，
$$\delta_i = \frac{x_i g - F_i}{F_i} \times 100\% \tag{5-4}$$

式中 δ_i——第 i 检定点的示值误差（kg）；
x_i——第 i 检定点轴（轮）重仪的示值（kg）；
F_i——第 i 检定点力传感器的示值（N）；
g——重力加速度（9.8m/s）。

注：当砝码检定法与标准测力仪检定法检定结果不一致时，以砝码检定法为准。

(6) 左、右承载器示值间差

根据测量得到的左、右承载器示值误差，按式（5-5）、式（5-6）计算各检定点左、右承载器示值间差。各检定点示值间差均应不大于该检定点最大允许误差的绝对值。

当 $m \leq 10\%$ FS 时，
$$\Delta_{Pi} = |\Delta_{iL} - \Delta_{iR}| \tag{5-5}$$

式中 Δ_{Pi}——第 i 检定点左、右承载器示值间差；
Δ_{iL}——第 i 检定点左承载器的示值误差；
Δ_{iR}——第 i 检定点右承载器的示值误差。

当 $m > 10\% \text{FS}$ 时，$\qquad \delta_{Pi} = |\delta_{iL} - \delta_{iR}|$ (5-6)

式中 δ_{Pi}——第 i 检定点左、右承载器示值间差；
δ_{iL}——第 i 检定点左承载器的示值误差；
δ_{iR}——第 i 检定点右承载器的示值误差。

（7）重复性

用约 20%FS 的固定载荷重复测量 3 次，3 次测量结果间的差值应不大于该检定点最大允许误差绝对值的二分之一，重复性按式 (5-7) 计算。

$$R = \frac{x_{\max} - x_{\min}}{1.69\,\overline{x}} \times 100\%$$ (5-7)

式中 R——重复性，%；
$x_{\max}$——3 次测量中的最大示值（kg）；
$x_{\min}$——3 次测量中的最小示值（kg）；
$\overline{x}$——所加载固定载荷平均值（kg）。

5.4.3 标定反力架安装

标定反力架的安装见图 5-2。

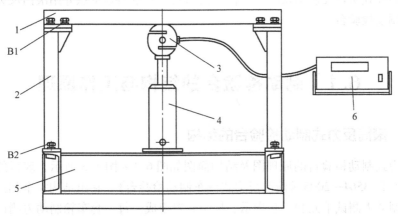

图 5-2 标定反力架安装
1—反力架横梁 2—反力架纵梁 3—标准测力仪传感器 4—机械式千斤顶 5—轴重台面
6—标准测力仪显示仪表 B1—纵、横梁连接螺栓 B2—与轴重台框架连接螺栓

1）在每侧的框架上均可看到螺孔，用于将反力架与框架连接为一体，这些螺孔可将反力架分别固定在轴重台承载台面的"中部、偏左、偏右"3 个位置上，以满足示值误差和偏载误差的标定。

2）标定时应先安装龙门架的纵梁再装横梁，最后放置千斤顶和标准测力传感器。

3）为保证标定精度，在开始标定前应先将千斤顶预加载一定的预紧力（100kg 以内），然后标准测力仪和轴重台仪表同时调零，之后再进行标定过程。

第6章 机动车制动性能检验

汽车行驶时能在短距离内迅速停车且维持行驶方向稳定性，在下坡时能维持一定车速，以及在坡道上长时间保持停驻的能力称为汽车的制动性能。汽车制动性能直接关系着汽车的行车安全。只有在保证行车安全的前提下才能充分发挥汽车的其他使用性能，诸如提高汽车车速、汽车的机动性能等。汽车的制动性能不仅取决于制动系统的性能，还与汽车的行驶性能、轮胎的机械特性、道路的附着条件，以及制动操作有关的人体工程特性有密切的关系。

制动检验台是用来检验汽车制动性能的设备，常见的分类方法有：按测试原理不同，可分为反力式和惯性式两类；按检验台支撑车轮形式不同，可分为滚筒式和平板式两类；按检验参数不同，可分为测制动力式、测制动距离式、测制动减速度式和综合式四种；按检验台的测量、指示装置、传递信号方式不同，可分为机械式、液力式和电气式三类。目前，国内机动车检验机构所用制动检验设备多为滚筒反力式制动检验台和平板式制动检验台。国外目前已研制出惯性式防抱死制动检验台，但价格昂贵。本章内容重点介绍滚筒反力式制动检验台和平板式制动检验台。

6.1 制动检验台的结构与工作原理

6.1.1 滚筒反力式制动检验台的结构

滚筒反力式制动检验台的原理图及结构简图如图6-1~图6-3所示，现行的产品制造执行标准为GB/T 13564—2005《滚筒反力式汽车制动检验台》。它由结构完全相同的左右两套对称的车轮制动力测试单元和一套指示、控制装置组成。每一套车轮制动力测试单元由框架（多数检验台将左、右测试单元的框架制成一体）、驱动装置、滚筒组、举升装置、测量装置等构成。

1. 驱动装置

驱动装置由电动机、减速器和链传动组成。电动机经过减速器减速后驱动主动滚筒，主动滚筒通过链传动带动从动滚筒旋转。减速器输出轴与主动滚筒同轴连接或通过链条、传动带连接。减速器壳体为浮动连接（即可绕主动滚筒轴自由摆动）。日本制式制动台测试车速较低，一般为0.1~0.18km/h，驱动电动机的功率较小，一般为(2×0.7)~(2×2.2) kW；而欧洲制式测试车速为2.0~5km/h，驱动电动机的功率较大，一般为(2×4)~(2×20) kW。减速器的作用是减速增矩，其减速比根据电动机的转速和滚筒测试转速确定。由于检验时车速低，滚筒转速也较低，一般在40~100r/min范围（日本制式检验台转速则更低，甚至低

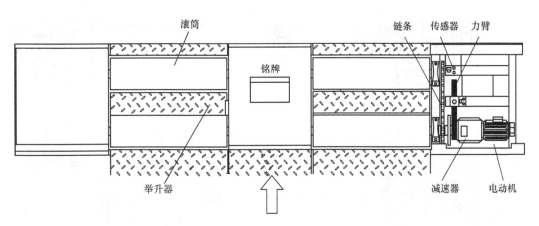

图 6-1 滚筒反力式制动检验台原理图

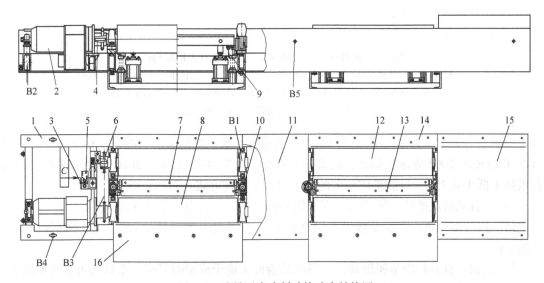

图 6-2 滚筒反力式制动检验台结构图
1—框架 2—减速机组件 3—力臂支架 4—主滚筒链轮 5—光电开关支架 6—副滚筒链轮
7—左制动第三滚筒 8—左制动主滚筒 9—举升器导向 10—轮胎挡轮 11—中间盖板
12—右制动副滚筒 13—右制动举升器 14—右制动出车端边盖板 15—右制动边盖板
16—左制动引板 B1—滚筒轴承 B2—电动机轴承 B3—链条 B4—吊环 B5—框架侧顶螺栓

于 10r/min）。因此要求减速器减速比较大，一般采用两级齿轮减速，或一级蜗轮蜗杆减速再加一级齿轮减速。

理论分析与试验表明，滚筒表面线速度过低时测取协调时间偏长、制动重复性较差，过高时对车轮损伤较大，GB/T 13564—2005 推荐使用滚筒表面线速度为 2.5km/h 左右的制动台。

2. 滚筒组

每一车轮制动力测试单元设置一对主、从动滚筒。每个滚筒的两端分别用滚筒轴承与轴承座支承在框架上，且保持两滚筒轴线平行。滚筒相当于一个活动的路面，用来支承被检车辆的车轮，并承受和传递制动力。汽车轮胎与滚筒间的附着系数将直接影响制动检验台所能

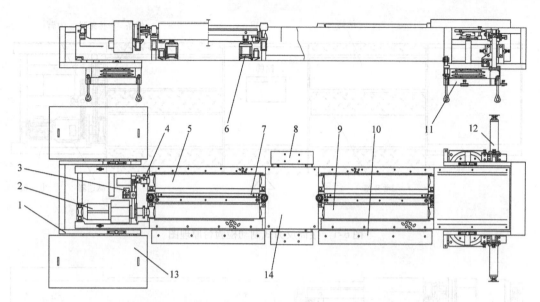

图 6-3 滚筒反力式制动检验台加载举升机构结构图
1—框架 2—减速机组件 3—到位光电开关 4—链轮 5—副滚筒 6—出车举升机构
7—第三滚筒 8—顶轮组件 9—主滚筒 10—地面引板 11—加载举升总成
12—加强管 13—地面盖板 14—中间盖板

测得的制动力大小。为了增大滚筒与轮胎间的附着系数，滚筒表面都进行了相应加工与处理（GB/T 13564—2005 要求滚筒表面附着系数不低于 0.7，GB 18565—2016 中要求滚筒表面附着系数不低于 0.75），目前采用较多的有下列 5 种处理方式。

1）开有纵向浅槽的金属滚筒。在滚筒外圆表面沿轴向开有若干间隔均匀、有一定深度的沟槽。这种滚筒表面附着系数最高可达 0.65。但当表面磨损且沾有油、水时附着系数将急剧下降。

2）表面黏有砂粒的金属滚筒。这种滚筒表面无论干或湿时其附着系数均可达 0.8 以上。

3）表面具有嵌砂喷焊层的金属滚筒。喷焊层材料选用含 Ni、Cr、B、Si 的合金粉末及钢砂。这种滚筒表面新的时候其附着系数可达 0.9 以上，其耐磨性也较好。

4）高硅合金铸铁滚筒。这种滚筒表面带槽、耐磨，附着系数可达 0.7~0.8，价格便宜。

5）表面带有特殊水泥覆盖层的滚筒。这种滚筒比金属滚筒表面耐磨。表面附着系数可达 0.7~0.8。但表面易被油污与橡胶粉粒附着，使附着系数降低。

滚筒直径与两滚筒间中心距的大小，对检验台的性能有较大影响。滚筒直径增大有利于改善与车轮之间的附着情况，增加测试车速，使检测过程更接近实际制动状况。但必须相应增加驱动电动机的功率。而且随着滚筒直径增大，两滚筒间中心距也需相应增大，才能保证合适的安置角。这样使检验台结构尺寸相应增大，制造要求提高。GB/T 13564—2005 推荐使用直径为 245mm 左右的制动台。

有的滚筒制动检验台在主、从动滚筒之间设置一直径较小，既可自转又可上下摆动的第三滚筒，平时由弹簧使其保持在最高位置。而在设置有第三滚筒的制动检验台上多数取消了举升装置。在第三滚筒上装有转速传感器。在检验时，被检车辆的车轮置于主、从动滚筒上，同时压下第三滚筒，并与其保持可靠接触。控制装置通过转速传感器即可获知被测车轮的转动情况。当被检车轮制动，转速下降至接近抱死时，控制装置根据转速传感器送出的相应电信号，计算滑移率达到一定值（如30%）时，使驱动电动机停止转动，以防止滚筒剥伤轮胎和保护驱动电动机。第三滚筒除了上述作用外，有的检验台上还作为安全保护装置用，只有当两个车轮制动测试单元的第三滚筒同时被压下时，检验台驱动电动机电路才能接通。

3. 制动力测量装置

制动力测试装置主要由测力杠杆和传感器组成。测力杠杆一端与传感器接触，另一端与减速器壳体连接，被测车轮制动时测力杠杆与减速器壳体将一起绕主动滚筒（或绕减速器输出轴、电动机枢轴）轴线摆动。传感器将测力杠杆传来的、与制动力成比例的力（或位移）转变成电信号输送到指示、控制装置。传感器有应变测力式、自整角电动机式、电位计式、差动变压器式等多种类型。日本制式制动检验台多采用自整角电动机式测量装置，而欧洲制式以及近期国产制动检验台多用应变测力式传感器。

4. 举升装置

为了便于汽车出入制动检验台，在主、从动两滚筒之间设置有举升装置。该装置通常由举升器、举升平板和控制开关等组成。举升器常用的有气压式、电动螺旋式、液压式3种。气压式是用压缩空气驱动气缸中的活塞或使气囊膨胀完成举升作用。电动螺旋式是由电动机通过减速器带动丝母转动，迫使丝杠轴向运动起举升作用。液压式是由液压举升缸完成举升动作。有些带有第三滚筒的制动检验台未装举升装置。

加载制动检验时，应使用具有举升功能的滚筒反力式制动检验台。通过气压、电动或液压装置，使制动测试单元举升至规定位置。

5. 控制装置

目前，制动检验台控制装置大多数采用电子式。为提高自动化与智能化程度，有的控制装置中配置了计算机。指示装置有指针式和数字显示式两种。带计算机的控制装置多配置数字显示器，但也有配置指针式指示仪表的。

6.1.2 滚筒反力式制动检验台的工作原理

如图6-4所示，检验时将汽车轮胎停于主副滚筒之间，车轮把制动台的到位开关（或光电开关）触发，控制仪表或系统采集车轮到位信号后起动电动机，经减速器、链传动和主、副滚筒带动车轮匀速旋转，控制仪器提示驾驶人踩下制动踏板。踩下制动踏板后，车轮在车轮制动器的摩擦力矩下开始减速旋转。此时，电动机驱动的滚筒对车轮轮胎周缘的切线方向，施加与车轮制动器力矩相反的制动力，以克服制动器摩擦力矩，维持车轮继续旋转。与此同时车轮轮胎对滚筒表面切线方向附加一个与电动机产生的力矩方向相反等值的反作用力，在形成的反作用力矩作用下，减速器外壳与测力杠杆一起朝滚筒转动相反方向摆动。测力杠杆一端的测力传感器受力，输出与制动力大小成比例的电信号。从测力传感器输出的信号经放大滤波后，送往仪表或A/D转换器转换

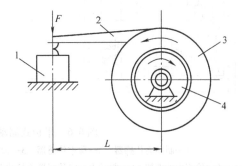

图6-4 滚筒反力式制动检验台制动力测试原理图
1—传感器 2—测力臂 3—电动机定子 4—电动机转子

成数字信号，经计算机或仪表计算处理后，显示结果，打印输出。另外，在实际使用时可将第三滚筒的转速信号输入到仪表或计算机系统，测试中当车轮与滚筒之间的滑移率下降到预设值时（滑移率指踩制动踏板后车轮转速下降的值，与未踩制动时车轮的转速值之比），仪表或计算机就会发出电动机停止指令，以起到停机保护作用。也有采用软件判断等其他方式控制停机的制动检验台。

6.1.3 平板式制动检验台结构

为满足汽车行驶的制动要求、提高制动稳定性、减少制动时后轴车轮侧滑和汽车甩尾，考虑到汽车制动时质量将发生前移，乘用车在设计上前轴制动力可达到静态轴荷的140%左右，而后轴制动力则设计得相对较小。上述制动特性只有在道路试验时才能体现，在滚筒反力式制动检验台上，由于受设备结构和试验方法的限制，无法测量出前轴最大制动力。

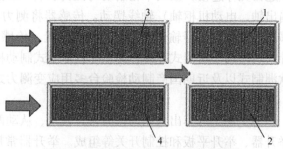

图6-5 四板式平板制动检验台布置图
1—左前轮检测板 2—右前轮检测板
3—左后轮检测板 4—右后轮检测板

平板式制动检验台模拟实际道路制动过程进行检测，能够反映制动时轴荷转移及车辆其他系统（如悬架结构、刚度等）对制动性能的影响，因此可以较为真实地检测前轴驱动乘用车的制动效能。但平板式制动检验台对检验员的操作要求较高，同时对不同轴距汽车的适应性也较差，因此对前轴驱动的乘用车更适宜用平板制动检验台进行制动效能检测。平板制动检验台一般采用四板组合（见图6-5），结构图见图6-6。

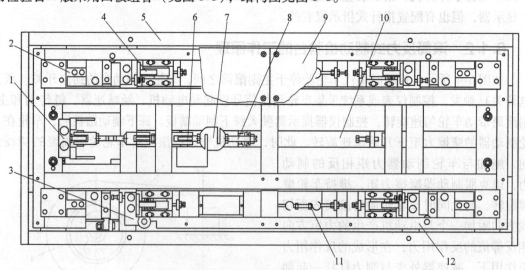

图6-6 平板式制动检验台检测板结构图
1—制动力传感器 2—称重传感器 3—检测板侧向限位装置 4—检测板纵向限位装置
5—检测板外框架 6—制动力标定传感器连接装置 7—制动力标定传感器 8—标定传感器加载装置
9—检测板黏砂面板 10—底架 11—检测板回位弹簧 12—检测板框架
注：图中编号为6、7、8的部件只有在进行参数标定或校准时才安装，日常检测时必须拆除。

6.1.4 平板制动检验台测试原理

平板制动检验台由几块平整的检测板组合安装而成，形成一段模拟路面，检测板工作面采用特殊的黏砂处理工艺（工作面可用钢丝网格或喷镍），使得表面与车辆轮胎之间具有很高的附着系数。检测时，车辆以一定的速度（5~10km/h）行驶到该平板上并实施制动，此时轮胎对台面产生一个沿行车方向的切向力（如图 6-7 所示），车辆驶上检测台面后制动的全过程由安装在平板制动检测板下面的轮重传感器和制动力传感器测得，将车辆轮胎传递的力转换成电信号，经放大滤波后，送往 A/D 转换器转换成数字信号，由计算机处理后显示结果，打印输出。

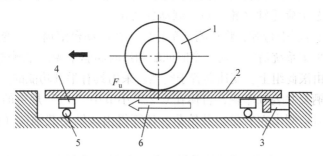

图 6-7 平板制动检验台制动力测试原理
1—车轮 2—检测板 3—制动力传感器 4—称重传感器 5—钢球 6—制动力的方向

6.2 制动检验方法

6.2.1 检测设备相关要求

1）机动车制动检验宜采用滚筒反力式制动检验台或平板制动检验台，并根据所检验车辆的轴荷选择相应承载能力的制检验动台。

2）轴（轮）重仪应水平安装，安装时称重台上表面与地平面的高差不得超过 ±5mm。

3）滚筒反力式制动台前后地面的附着系数应不小于 0.7。

4）用于检验多轴及并装轴车辆的滚筒反力式制动检验台，应具有台体举升功能，并满足：滚筒中心距为 460mm、主副滚筒高差为 30mm 时，副滚筒上母线与地面水平面的高度差为 +40mm。当滚筒中心距增大或减小 10mm，副滚筒上母线与地面水平面的高度差相应增大或减小 2mm；当主副滚筒高差减小 10mm，副滚筒上母线与地面水平面的高度差相应增大 4mm。

5）用于检验多轴及并装轴车辆的滚筒反力式制动检验台，可用于两轴汽车台式制动检验。

6.2.2 检验前准备

1）制动检验台滚筒（或平板）表面应清洁，没有异物及油污。

2) 检验辅助器具应齐全。
3) 气压制动的车辆，储气筒压力应符合规定值。
4) 液压制动的车辆，根据需要将踏板力计装在制动踏板上。
5) 使用乘用车牵引旅居挂车、中置轴挂车开展检验时，乘用车应符合 GB 7258—2017《机动车运行安全技术条件》中"4.16.1"的要求。

6.2.3 滚筒反力式制动检验方法

1. 检测流程

1) 被检车辆正直居中行驶，各轴依次停放在轴（轮）重仪上，并按规定时间（不少于 3s）停放，测出静态轮荷〔轴（轮）重、制动分列式〕。
2) 被检车辆正直居中行驶，将被测试车轮停放在制动台滚筒上，变速器置于空档，松开制动踏板，数据采集系统清零。对于全时四驱和适时四驱车辆，非测试轮应处于附着系数符合要求的辅助自由滚筒组上，变速器置于空档。采用具有举升功能的滚筒反力式制动检验台时，对于多轴车辆及并装轴车辆，台体在 6.2.1 小节中"4)"规定的空载检测高度、与制动检测状态一致时，测出左右轮空载轮荷，计算得出该轴空载轴荷（或直接测得该轴空载轴荷）。
3) 起动滚筒电动机，在 2s 后开始采样并保持足够的采样时间（5s），测取采样过程的平均值作为阻滞力。
4) 将制动踏板逐渐慢踩到底或踩至规定制动踏板力，测得左、右车轮制动力增长全过程的数值及左、右车轮最大制动力，并依次测试各车轴；对驻车制动轴，操纵驻车制动操纵装置（半挂牵引车测试时，可与半挂车组合成汽车列车后同时实施检验），测得驻车制动力数值。
5) 可采取相关措施防止被检车辆在滚筒反力式制动检验台上后移，以适应制动检测需要。

2. 特殊情形的处置

1) 在滚筒反力式制动检验台上检验时，被测试车轮在滚筒上抱死，但整车制动率未达到合格要求时，应在车辆上增加足够的附加质量或相当于附加质量的作用力（在设备额定载荷以内，附加质量或作用力应在该轴左右车轮之间对称作用，不计入轴荷）后，重新测试。对于非营运小型、微型载客汽车，可换用平板制动检验台或采用路试检验。
2) 在滚筒反力式制动检验台上检测受限的车辆或底盘动态检验过程中，点制动时无明显跑偏，但左右轮制动力差不合格的车辆，应换用平板制动检验台或采用路试检验。
3) 对加装肢体残疾人操纵辅助装置的汽车，应通过操纵辅助装置检验制动性能。检验行车制动性能时，施加在制动和加速迁延手柄表面上的正压力不应大于 300N；检验驻车制动性能时，驻车制动辅助手柄的操纵力应不大于 200N。

3. 制动性能参数计算方法

1) 轴制动率为测得的该轴左、右车轮最大制动力之和与该轴（静态）轴荷之百分比。
2) 以同轴左、右轮任一车轮产生抱死滑移或左、右轮两个车轮均达到最大制动力时为取值终点，取制动力增长过程中测得的同时刻左右轮制动力差最大值，作为左右车轮制动力差的最大值，用该值除以左、右车轮最大制动力中的大值（当后轴制动力小于该轴轴荷的

60%时为该轴轴荷），得到不平衡率。

3）整车制动率为测得的各轮最大制动力之和与该车各轴（静态）轴荷之和之百分比。

4）驻车制动率为测得的各驻车轴制动力之和与该车所有车轴（静态）轴荷之和之百分比。

注意1：对多轴车辆及并装轴车辆，采用具有举升功能的滚筒反力式制动检验台，计算轴制动率、不平衡率时，（静态）轴荷按照空载轴荷计算。

注意2：加载制动检验，计算加载轴制动率、加载轴制动不平衡率时，（静态）轴荷按照加载状态下的轴荷计算。

注意3：注1和注2中空载轴荷与加载状态下的轴荷，均为滚筒反力式制动检验台检测得到的轴荷。

4. 测试过程分析

1）行车制动项目包括车轮阻滞率、轴制动率、轴制动不平衡率、轴协调时间、整车制动率等指标。驻车制动项目只有驻车制动率一个指标。

2）制动过程举例见图6-8。松开车辆制动器，起动制动电动机并带动车轮转动2s后到达t_0时刻开始采样，并保持足够的采样时间（一般为5s）到达t_1时刻，分别测得从$t_0 \sim t_1$时间内的左、右车轮平均阻滞力；各车轮阻滞力与该车轮轮荷之百分比即为该车轮阻滞率。

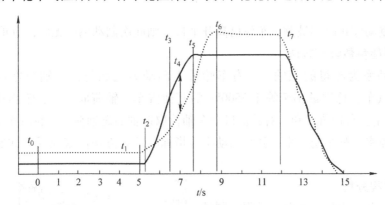

图6-8 制动过程举例
虚线为左制动力，实线为右制动力

检验员按显示屏指示，从t_1时刻开始踩下制动踏板，到t_2时刻克服踏板自由行程后制动力上升直至最高点后趋于稳定，到t_7时刻松开制动器，至制动完全释放，完成整个制动过程。在制动过程中，t_4为制动过程中左右制动力差达到最大的时刻，t_5为右制动力达到最大的时刻，t_6为左制动力达到最大的时刻。

在实际检测过程中，为防止制动力达到最大后制动台滚筒继续旋转导致剥伤轮胎，左右滚筒应分别在到达t_6、t_5时刻后自动停机。可以采用不同的停机方式，但要保证能测取左右最大制动力。

3）轴制动率：轴最大制动力为t_6、t_5时刻左、右制动力之和，轴制动率为轴最大制动力与该轴（静态）轴荷之百分比。

4）轴不平衡率：从踩制动t_1时刻开始到同轴左、右轮任一车轮产生抱死滑移达到最大制动力的t_5时刻为取值区间，测取的制动力增长过程中同时刻左、右轮制动力差最大值（t_4

时刻）为左、右车轮制动力差的最大值，用该值除以左、右车轮最大制动力中的大值或静态轴荷（除前轴外的其他轴制动力小于该轴轴荷的60%时），得到左、右轮制动力差最大值百分比即为该轴不平衡率。

若左、右车轮滑移率均不能达到停机控制要求的滑移率设置值，则在左、右轮两个车轮均达到最大制动力时，为轴不平衡率计算取值终点。

6.2.4 平板式制动检验方法

1. 检验步骤

1）检验员将被检车辆以5～10km/h的速度滑行，置变速器于空档后（对自动变速器车辆可位于D位），正直平稳驶上平板。

2）当被测试车轮均驶上平板时，急踩制动，使车辆停止，测得各车轮的轮荷〔对小（微）型载客汽车、总质量小于等于3500kg的其他汽车（三轮汽车除外），应为动态轮荷。对于并装双轴、并装三轴车辆的左右两侧可以按照1个车轮计〕、最大轮制动力、轮制动力增长全过程的数值等。

3）重新起动车辆，待车辆驻车制动轴驶上平板时操纵驻车制动操纵装置，测得驻车制动力数值。

4）车辆制动停止时如被测试车轮已离开平板，则此次制动测试无效，应重新测试。

2. 制动性能参数计算方法

1）轴制动率为测得的该轴左、右车轮最大制动力之和与该轴轴荷之百分比，对小（微）型载客汽车、总质量小于等于3500kg的其他汽车，轴荷取左、右轮制动力最大时刻所分别对应的左、右轮荷之和，对其他机动车轴荷取该轴静态轴荷，三轮汽车除外。

2）不平衡率、整车制动率、驻车制动率等指标的计算方法同滚筒反力式制动检验台的计算方法。

3. 测试过程分析

1）平板制动检验是一个动态过程，制动过程数据变化很快，对前轴左、右轮制动力达到最大时各轮对应轮荷也基本是最大值，但最大制动力与最大轮荷不一定为同一时刻。对后轴左、右轮制动力达到最大时各轮对应轮荷在最小值附近，但最大制动力与最小轮荷不一定为同一时刻（见图6-9、图6-10）。

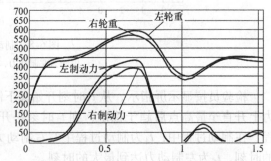

图6-9 平板式制动检验台前轴制动曲线

2）对小（微）型载客汽车、总质量小于等于3500kg的其他汽车（三轮汽车除外），计算轴制动率时轴荷取动态轴荷计算，取左、右轮制动力最大时刻，所分别对应的左、右轮荷之和为动态轴荷。计算驻车制动率、整车制动率、制动不平衡率均按静态轴荷计算。

3）制动不平衡率计算区间：从踩制动开始到同轴左、右轮制动力之和达到最大制动力的时刻为取值区间。

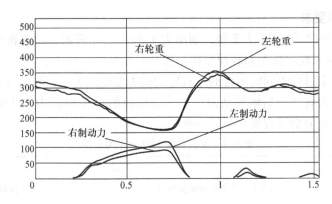

图 6-10 平板式制动检验台后轴制动曲线

6.3 制动检验标准限值

1. 制动力要求

按 GB 7258—2017《机动车运行安全技术条件》第 7.11.1.1 条，有关台试检验制动力要求详见表 6-1。

表 6-1 台试检验制动力要求

机动车类型	制动力总和与整车重量的百分比（%）		轴制动力与轴荷[a]的百分比（%）	
	空载	满载	前轴[b]	后轴[b]
三轮汽车	—	—	—	≥60[c]
乘用车、其他总质量小于或等于 3500kg 的汽车[a]	≥60	≥50	≥60[e]	≥20[e]
铰接客车、铰接式无轨电车、汽车列车	≥55	≥45	—	—
其他汽车	≥60[d]	≥50	≥60[e]	≥50[e]
挂车	—	—	—	≥55[f]
普通摩托车	—	—	≥60	≥55
轻便摩托车	—	—	≥60	≥50

a 用平板制动检验台检验乘用车、其他总质量小于等于 3500kg 的汽车时，应按左右轮制动力最大时刻所分别对应的左右轮动态轮荷之和计算。

b 机动车（单车）纵向中心线中心位置以前的轴为前轴，其他轴为后轴；挂车的所有车轴均按后轴计算；用平板制动检验台测试并装轴制动力时，并装轴可视为一轴。

c 空载和满载状态下测试均应满足此要求。

d 对总质量小于等于整备质量的 1.2 倍的专项作业车应大于等于 50%。

e 满载测试时后轴制动力百分比不做要求；空载用平板制动检验台检验时应大于等于 35%；总质量大于 3500kg 的客车，空载用滚筒反力式制动检验台测试时应大于等于 40%，用平板制动检验台检验时应大于等于 30%。

f 满载状态下测试时应大于等于 45%。

2. 制动力平衡要求

按 GB 7258—2017 第 7.11.1.2 条，制动力平衡要求（两轮、边三轮摩托车、前轮距小于等于 460mm 的正三轮摩托车和轻便摩托车除外）检验方法如下。

在制动力增长全过程中同时测得的左右轮制动力差的最大值，与全过程中测得的该轴左右轮最大制动力中大者（当后轴制动力小于该轴轴荷的 60% 时，为与该轴轴荷）之比，对新注册车和在用车应分别符合表 6-2 的要求。

表 6-2　台式检验制动力平衡要求

	前轴	后轴	
		轴制动力大于等于该轴轴荷 60% 时	制动力小于该轴轴荷 60% 时
新注册车	≤20%	≤24%	≤8%
在用车	≤24%	≤30%	≤10%

3. 制动协调时间要求

汽车的制动协调时间，对液压制动的汽车应小于等于 0.35s，对气压制动的汽车应小于等于 0.60s；铰接客车、铰接式无轨电车的制动协调时间应小于等于 0.80s。

4. 车轮阻滞率要求

进行制动力检验时，汽车、汽车列车各车轮的阻滞力均应小于等于轮荷的 10%。

5. 合格判定要求

台试检验汽车、汽车列车行车制动性能时，检验结果同时满足 6.3 节中"1.～4."的要求，方为合格。

6. 驻车制动性能

当采用制动检验台检验汽车和正三轮摩托车驻车制动装置的制动力时，机动车空载，使用驻车制动装置，驻车制动力的总和应大于等于该车在测试状态下整车重量的 20%，但总质量为整备质量 1.2 倍以下的机动车应大于等于 15%。

6.4　制动检验不合格原因分析

造成制动不合格的因素很多，主要有以下几个方面：

1）各车轮制动力均偏低：主要原因为制动踏板自由行程过大，制动液中有空气或制动液变质，制动主缸故障，真空助力器或液压助力系统有故障。

2）同制动回路两车轮制动力均偏小：该回路中有空气，或者轮缸或管路漏油，也有可能主缸中相应主腔密封不良。

3）单个车轮制动力偏小：该车轮制动器有故障。

4）若后轴车轮均存在制动力偏小，可能是感载比例阀故障，也可能是制动力分配系统设计原因。

5）制动力平衡不合格的原因：除以上"2）、3）"给出的原因外，两侧制动器间隙不一致、轮毂失圆、轮胎花纹、磨损程度、气压等不一致也是原因之一。

6）各车轮阻滞力都超限的主要原因：制动主缸卡滞；制动踏板自由行程调整不当；制

动踏板传动机构卡滞；由于加了错误型号的制动液造成制动缸内皮碗膨胀卡滞。

7）个别车轮阻滞力超限原因：制动轮缸回位不良；车轮制动器间隙调整过小；制动蹄回位弹簧故障；驻车制动机构卡滞。

8）各车轮制动协调时间过长的原因：制动踏板自由行程过大；车轮制动器间隙过大。

9）驻车制动不合格原因：驻车制动调整不良；驻车制动机构因长期不用造成锈蚀卡滞。

6.5 滚筒反力式制动检验台计量检定

依据 JJG 906—2015《滚筒反力式制动检验台》，具体检定要求如下。

6.5.1 计量性能要求

1. 分辨力

不超过 0.1%FS。

注：FS 表示制动力满量程，是英文"Full Scale"的缩写。

2. 空载动态零值误差

FS≤1500daN：不超过 ±0.9%FS；

FS>1500daN：不超过 ±0.3%FS。

3. 静态误差

1）示值误差：不超过 ±3%。

2）示值间差：不超过 3%。

3）测量重复性：不超过 2%。

4. 动态误差

1）测量重复性：不超过 3%。

2）示值误差：不超 8%。

5. 采样及据处理准确性

不超过 ±3%。

6. 滚筒滑动附着系

1）标准装置测量法：不小于 0.70。

2）模拟测量法：不小于 0.75。

7. 驱动电动机自动停机的滑移率

对带有第三滚筒的制动台，应在 25%~35% 范围内。

6.5.2 通用技术要求

外观及一般要求如下：

1）制动台应有清晰的铭牌，标明设备名称、型号规格、额定乘载质量、测量范围、制造厂名、生产日期、出厂日期、出厂编号等。

2）各操纵件操纵应灵活可靠，无松动或卡滞等现象。

3）滚筒表面不得有损伤轮胎及影响测量的缺陷。
4）仪表显示清晰，无影响读数的缺陷。

6.5.3 检定方法

检定中具体计量性能要求如下。

1. 分辨力

在静态示值误差检定时，观察制动台显示分辨力，应满足性能要求。

2. 空载动态零值误差

制动台处于空载状态，将仪表调零后起动电动机，待滚筒转速稳定后记录偏离零位的示值；用同样的方法重复3次，偏离零位的最大值应满足性能要求。

3. 静态误差

（1）示值误差

断开滚筒驱动电动机的电源，按制动台使用说明书，将专用测力杠杆固定在制动台滚筒或滚筒等效位置上，用钢卷尺和游标卡尺，分别测量专用测力杠杆的等效力臂长度及主滚筒直径，确定杠杆比 η。

检定点选择制动台满量程的20%～100%范围内均匀5点。

1）砝码检定法。杠杆安装完毕，在满量程50%左右，使测力杠杆等效力臂处于水平状态，卸载砝码。

仪表调零，按规定检定点对左（右）制动台逐级加载砝码，读取个检定点所对应的左（右）制动台示值 $F_{iL(R)}$，重复测量3次。

按式（6-1）计算第 i 检定点左（右）制动台的示值误差。

$$\delta_{iL(R)} = \frac{\overline{F}_{iL(R)} - \eta M_i g}{\eta M_i g} \times 100\% \tag{6-1}$$

式中　$\delta_{iL(R)}$——左（右）制动台第 i 检定点的制动力相对示值误差，$i=1,2,3,4,5$；

$\overline{F}_{iL(R)}$——左（右）制动台第 i 检定点的制动力示值3次测量的算术平均值（N）；

η——专用砝码检测装置杠杆比；

M_i——第 i 检定点加载砝码质量（kg）；

g——重力加速度，一般取 9.8m/s^2

各检定点示值误差 $\delta_{iL(R)}$ 均应满足性能要求。如果检定过程中杠杆明显倾斜，则需要对杠杆比进行数据修正。

2）测力仪检定法。杠杆安装完毕，加载至满量程的50%左右，用水平尺调整专用测力杠杆处于水平状态，卸载至满量程的2%～5%左右。

测力仪与制动台仪表同时调零，测力仪按规定检定点对制动台逐级加载，读取各检定点所对应的左（右）制动台示值 $\overline{F}_{iL(R)}$，重复测量3次。

按式（6-2）、式（6-3）计算第 i 检定点左（右）制动台示值误差。

$$\delta_{iL(R)} = \frac{\overline{F}_{iL(R)} - \eta F_i}{\eta F_i} \times 100\% \tag{6-2}$$

$$\overline{\delta}_{iL(R)} = \sum_{i=1}^{3} \frac{\delta_{iL(R)}}{3} \tag{6-3}$$

式中　F_i——第 i 检定点测力仪加载标准力值（N）。

各检定点示值误差 $\overline{\delta_{iL(R)}}$ 均应满足性能要求。如果检定过程中杠杆明显倾斜，则需要对杠杆比进行数据修正。

（2）示值间差

根据示值误差测量得到的左、右制动台示值误差，按式（6-4）计算各检定点左、右制动台的制动力示值间差。各检定点示值间差均应满足性能要求。

$$\delta_{Pi} = |\delta_{iL} - \delta_{iR}| \tag{6-4}$$

式中　δ_{Pi}——第 i 检定点左制动台与右制动台的示值间差；

　　　δ_{iL}——第 i 检定点左制动台的示值误差；

　　　δ_{iR}——第 i 检定点右制动台的示值误差。

（3）测量重复性

根据示值误差测量得到的左、右制动台各检定点示值误差 $\overline{\delta_{iL(R)}}$，按式（6-5）计算各检定点的示值误差的测量重复性 $R_{iL(R)}$。各检定点示值误差的测量重复性均应满足示值误差要求。

$$R_{iL(R)} = \delta_{iL(R)\max} - \delta_{iL(R)\min} \tag{6-5}$$

式中　$R_{iL(R)}$——制动台示值误差的测量重复性，$i=1,2,3,4,5$；

　　　$\delta_{iL(R)\max}$——左（右）制动台第 i 检定点 3 次测量中制动力示值误差的最大值；

　　　$\delta_{iL(R)\min}$——左（右）制动台第 i 检定点 3 次测量中制动力示值误差的最小值。

4. 动态误差

将动态制动力测量装置（以下简称动态装置）中的左右标准轮，分别安装在液压制动汽车后轴的两边，连接好动态装置的信号线。该汽车驶上制动台，制动台开机，滚筒带动标准轮转动，记录左右制动台显示的阻滞力 f_{i2}，动态装置清零，当制动台显示屏提示踩制动踏板时，操作员在 5~8s 内连续慢踩制动踏板，应确保车轮处于非抱死状态（如抱死可采用加载重量的方式使其处于非抱死状态），完成制动力测试，分别记录动态装置测得的制动力标准值 f_{i0}，制动台测得的制动力 f_{i1} 和阻滞力 f_{i2}，用同样的方法检测 10 次，按式（6-6）计算各次动态力示值误差 δ_i，按贝塞尔公式计算 10 次测量的单次测量标准差作为测量重复性 δ_Δ，按式（6-7）计算示值误差 δ_D，均应满足 6.5.1 小节的要求。

$$\delta_i = \frac{f_{i1} - f_{i2} - f_{i0}}{f_{i0}} \times 100\% \tag{6-6}$$

式中　δ_i——第 i 次测量得动态示值误差，$i=1,2,3,\cdots,10$，（%）；

　　　f_{i0}——第 i 次测量，动态装置显示的制动力标准值（N）；

　　　f_{i1}——第 i 次测量，制动台显示的制动力（N）；

　　　f_{i2}——第 i 次测量，制动台显示的阻滞力（N）。

$$\delta_D = \sum_{i=1}^{10} \frac{\delta_i}{10} \tag{6-7}$$

式中　δ_D——10 次动态示值误差平均值。

5. 采样机数据处理准确性

首先，将制动台仪表切换到标定状态，在制动力传感器上加载模拟信号使得制动台检测数据达到满量程的 50% 左右，记录此时的制动力示值 F_{ci} 和模拟信号加载量 M，重复 3 次，计算平均值$\overline{FC}$。退出标定状态。

然后，进入检测状态。车辆驶上制动台，记录此时的阻滞力F_{Zj}；当制动台提示踩制动踏板时，不踩制动踏板，而是加载模拟信号的加载量M，持续时间为20ms，记录制动力F_j。重复测量5次，每次测量按式（6-8）计算：

$$\delta_{Fj} = \frac{F_j - F_{Zj} - \overline{F_C}}{\overline{F_C}} \times 100\% \tag{6-8}$$

式中　δ_{Fj}——第j次检测时，采样及数据处理的准确性，$j=1$，2，3，4，5；

　　　F_j——第j次检测时，制动台显示制动力值（N）；

　　　F_{Zj}——第j次检测时，制动台显示阻滞力值（N）；

　　　$\overline{F_C}$——标定状态时加载相同模拟信号时，制动台显示制动力值（N）。

每次检测计算得到的采样及数据处理的准确性δ_{Fj}，均应满足性能要求。

6. 滚筒滑动附着系数

（1）标准装置测量法

滚筒附着系数测试仪的测试轮与被测制动台滚筒上母线相接触，测试仪应加以固定，并确保测试时不会产生移动，测试轮轴线与被测滚筒轴线平行。开启制动台驱动电动机使被测滚筒正常旋转，按滚筒附着系数测试仪使用说明书规定进行操作，测量滚筒的附着系数。取左、右主滚筒的中间和两端（距滚筒边缘100mm处取常用点）部位各重复测量3次，各部位测量值的平均值均应满足性能要求。

（2）模拟测量法

选取轮胎、气压均符合GB 7258—2017《机动车运行安全技术条件》要求的汽车作为试验车。将试验车的待试验轴置于制动台上，采取防止车辆移动的有效措施。按照GB 21861—2014《机动车安全技术检验项目与方法》规定的方法检验制动力，分别测出左、右轮最大制动力。按式（6-9）计算滚筒表面附着系数$\mu L(R)$，$\mu L(R)$应满足性能要求。

$$\mu L(R) = F_{L(R)} / G_{L(R)} \tag{6-9}$$

式中　$\mu L(R)$——制动台左（或右）滚筒表面附着系数；

　　　$F_{L(R)}$——试验车左（或右）轮最大制动力测定值（N）；

　　　$G_{L(R)}$——试验车的左（或右）轮轮重（N）。

（3）方法选择

方法（1）和方法（2）可任选其一，当有疑义时使用方法（1）进行仲裁。

7. 驱动电动机自动停机时的滑移率

使用滑移率测量装置测量制动台主滚筒线速度v_0和驱动电动机自动停机时瞬间第三滚筒线速度v_1，重复测量3次，按式（6-10）计算制动台驱动电动机自动停机时的滑移率，左右制动台应分别测量，均应满足性能要求。

$$\varepsilon = \left| \frac{\overline{v_1} - v_0}{v_0} \right| \times 100\% \tag{6-10}$$

式中　ε——驱动电动机自动停机时的滑移率；

　　　$\overline{v_1}$——驱动电动机自动停机时的3次测量得到的第三滚筒线速度的平均值（km/h）；

　　　v_0——制动台主滚筒线速度（km/h）。

6.6 平板制动检验台计量检定

依据 JJG 1020—2017《平板式制动检验台》,具体检定项目及指标要求如下。

6.6.1 通用技术要求

1. 外观及一般要求

1）平板制动台应有符合 GB/T 13306—2011《标牌》规定的产品铭牌,产品铭牌上标明设备名称、规格型号、额定轴载荷、额定或允许的最大轮制动力、制造厂名、生产日期、出厂编号等。

2）平板制动台的各操纵件操作应灵活可靠;显示仪表应显示清晰,没有影响读数的缺陷。

3）制动平板不得有损伤轮胎的尖角和影响测量的缺陷,在不均衡承载时不应有明显的翘曲等变形现象;制动平板应预留施力空间,便于检定时施力操作。

2. 电气安全性

1）平板制动台应有接地装置和接地标志,应可靠接地。

2）平板制动台应有良好的绝缘性能,绝缘电阻应不小于 5MΩ。

6.6.2 计量性能要求

1. 制动平板水平度

制动平板的水平度在任意方向上不大于 3mm/m。

2. 制动平板间水平差

制动平板间的水平差不大于 8mm。

3. 制动平板附着系数

制动平板的附着系数应不小于 0.75。

4. 制动力和轮重

制动力与轮重计量性能要求见表 6-3。

表 6-3 制动力与轮重的计量性能要求

项目			计量性能要求		序号
承载轴质量			≤3t	>3t	
制动力	示值误差	分辨力	2daN	5daN	1
		制动起始力	50N	150N	2
		仪器漂移	±2daN	±5daN	3
		空载（不加轮重）	±3%		4
		加载（加载轮重）	在加载（300±30）kg 状态下：±5%[a]		5
		回零误差	±5daN	±8daN	6
		示值间差	2%		7
		重复性	2%		8

(续)

项目		计量性能要求		序号
承载轴质量		≤3t	>3t	
	分辨力	2kg	5kg	9
	仪器漂移	±2kg	±5kg	10
轮重	示值误差 空载（不加恒定力）	±2%		11
	示值误差 加载（加载恒定力）	±5%[b]		12
	回零误差 空载（不加恒定力）	±2kg	±5kg	13
	回零误差 加载（加载恒定力）	±1%FS[c]		14
	重复性	2%		15
	偏载	0.2%FS		16

a. 平板制动台仪表调零，先给制动平板加载（300±30）kg的砝码或配重，然后按照6.6.3小节的"9."中"（2）"方法测试平板制动台在加载轮重状态下的制动力示值误差；

b. 平板制动台仪表调零，先给制动平板加载200kg（或500kg）的砝码或配重，然后沿行车方向给制动平板施加恒定力（500±50）daN，然后按照6.6.3小节的"15."中"（2）"方法测试平板制动台在加载恒定力状态下的轮重示值误差；

c. 平板制动台仪表调零，先给制动平板加载200kg以上的载荷，再沿行车方向给制动平板施加恒定力，然后按照6.6.3小节的"16."中"（2）"方法测试平板制动台在加载恒定力状态下的轮重回零误差。

6.6.3 检定方法

1. 外观及一般要求

通过目测和手动检查，应满足6.6.1小节中"1."的要求。

2. 电气安全性

人工检查平板制动台及仪表的保护接地状况，在断电状态下用绝缘电阻测量仪测量平板制动台用绝缘材料隔开的两导体之间、导体与金属外壳之间的电阻值，应满足6.6.2小节中"2."的要求。

3. 制动平板水平度

将激光投（标）线仪（图6-11）安放在制动平板附近地面上的适当位置，在每一块制动平板上选取5个检定点（距平板边缘约20cm的四个角位上和平板中心），用激光投（标）线仪测试每个点相对于同一参考水平面的高度值，计算5个点高度值中最大差值与最大差值点间距离之比，即为制动平板水平度，应满足任意方向上不大于3mm/m的要求。

也可用水准仪或其他标准器参照上述方法进行检定。

4. 制动平板间水平差

依据测试数据，计算每一块制动平板的平均高度值（取5个检定点高度值的平均），所测制动平板组中平均高度值间的最大差值即为制动平板间水平差，应满足不大于8mm/m的要求。

图6-11 激光投（标）线仪

5. 制动平板附着系数

将专用平板附着系数测试装置置于制动平板上，通过人力水平拽拉，当该装置由静止开始滑动时，读取串联在拉绳中间的标准测力计的最大示值，此示值即为该制动平板的附着力。重复测量三次，取附着力的算术平均值，按式（6-11）计算单块制动平板的附着系数。每一块制动平板的附着系数应满足不小于 0.75 的要求。

$$f = \frac{\overline{F}}{mg} \tag{6-11}$$

式中　f——制动平板的附着系数；

　　　$\overline{F}$——显示仪表三次附着力峰值的算术平均值（N）；

　　　m——专用平板附着系数测试装置的总质量，为（40±2）kg；

　　　g——重力加速度（取 9.8m/s^2）。

6. 制动力分辨力

按图 6-12 所示方法安装制动力加载装置，连接标准测力仪（制动力标定装置），调整加力方向与平板制动台制动力方向（即行车方向）一致，平板制动台仪表和标准测力仪调零。

给平板制动台加载 20% 最大轮制动力，待平板制动台的制动力示值稳定后，再逐渐缓慢地给平板制动台加力，直至平板制动台的制动力示值有变化时，读取标准测力仪的示值的变化量，即为平板制动台的制动力分辨力，应满足表 6-3 中序号 1 的要求。

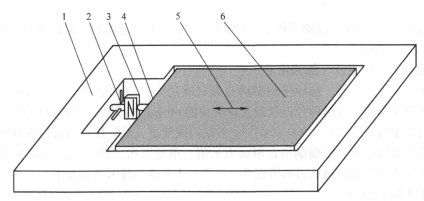

图 6-12　检定示意图

1—地基或机架　2—专用制动力加载工具　3—标准测力仪　4—检定装置与制动平板的连接处和外力作用点
5—施加外力的方向　6—制动平板

7. 制动起始力

安装和调整仪器设备，平板制动台空载。

用制动力加载装置沿行车方向缓慢加力推（或拉）制动平板，使制动力加载装置、标准测力仪与制动平板间处于无缝接触状态，直至平板制动台的制动力示值有 1 个分度值的变化时，读取标准测力仪的示值，重复三次，每次测试前标准测力仪和平板制动台仪表应清零或复位；计算标准测力仪 3 次示值的平均值，即为被测制动平板的制动起始力，应满足表 6-3 中序号 2 的要求。

也可用管型拉力计参照上述方法进行检定。

8. 制动力仪器漂移

平板制动台空载，接通电气系统电源并预热，制动力显示仪表清零（零位），5min 后读取平板制动台制动力示值，该示值即为制动力仪器漂移，应满足表 6-3 中序号 3 的要求。

9. 制动力示值误差

（1）制动力示值误差（不加轮重）

安装和调整仪器设备。选择平板制动台额定或允许的最大轮制动力（未标注额定或允许的最大轮制动力的平板制动台，取最大轮载荷的 60%）的 10%、50% 左右和 100% 三个检定点，由小到大逐级加力，分别读取各检定点标准测力仪示值 $B_{iL(R)}$ 和平板制动台制动力示值 $C_{iL(R)}$，重复三次，计算每一个检定点 3 次示值的平均值 $\overline{B}_{iL(R)}$ 和 $\overline{C}_{iL(R)}$；每次测试前标准测力仪和平板制动台仪表应清零或复位。按式（6-12）计算各检定点左（右）制动平板的制动力示值误差 $\beta_{iL(R)}$，制动平板组所有检定点的制动力示值误差 $\beta_{iL(R)}$ 应满足表 6-3 中序号 4 的要求。

$$\beta_{iL(R)} = \frac{\overline{C}_{iL(R)} - \overline{B}_{iL(R)}}{\overline{B}_{iL(R)}} \times 100\% \tag{6-12}$$

式中 $\beta_{iL(R)}$——左（右）制动平板第 i（$i=1,2,3$）个检定点的制动力示值误差；

$\overline{B}_{iL(R)}$——左（右）制动平板第 i（$i=1,2,3$）个检定点 3 次标准测力仪示值的平均值（daN）；

$\overline{C}_{iL(R)}$——左（右）制动平板第 i（$i=1,2,3$）个检定点的 3 次制动力示值的平均值（daN）。

（2）制动力示值误差（加载轮重）

安装和调整仪器设备。选择平板制动台额定或允许的最大轮制动力（未标注额定或允许的最大轮制动力的平板制动台，取最大轮载荷的 60%）的 30%、70% 两个检定点。先在平板制动台的中部位置加载（300±30）kg 的砝码或配重，然后按所选检定点逐级加力，分别读取标准测力仪示值和平板制动台制动力示值，重复三次。然后按式（12）计算平板制动台在加载轮重状态下的制动力示值误差，应满足表 6-3 中序号 5 的要求。

10. 制动力回零误差

各检定点加载力后减载至标准测力仪示值为零时，读取平板制动台制动力偏离零位的示值即为制动力回零误差，各检定点的制动力回零误差应满足表 6-3 中序号 6 的要求。

11. 制动力示值间差

按式（6-13）分别计算各检定点左与右制动平板的制动力示值间差，各检定点的制动力示值间差应满足表 1 中序号 7 的要求。

$$\delta_i = |\beta_{i.L} - \beta_{i.R}| \tag{6-13}$$

式中 δ_i——第 i（$i=1,2,3$）个检定点同轴左与右制动平板的制动力示值间差；

$\beta_{i.L}$——第 i（$i=1,2,3$）个检定点左制动平板的制动力示值误差；

$\beta_{i.R}$——第 i（$i=1,2,3$）个检定点右制动平板的制动力示值误差。

12. 制动力重复性

依据 6.6.3 小节的"9."中（1）测得的数据，依据 JJF 1001—2011《通用计量术语及定义》中定义，采用变差系数法按式（6-14）计算各检定点的重复性$\rho_{iL(R)}$，应满足表6-3中序号8的要求。

$$\rho_{iL(R)} = \frac{C_{iL(R)\max} - C_{iL(R)\min}}{C\overline{C}_{iL(R)}} \tag{6-14}$$

式中　C——极差系数（$n=3$，C取1.69）；

　　　$C_{iL(R)\max}$——左（右）制动平板第i（$i=1$，2，3）个检定点，3次测试的制动力示值最大值（daN）；

　　　$C_{iL(R)\min}$——左（右）制动平板第i（$i=1$，2，3）个检定点，3次测试的制动力示值最小值（daN）；

　　　$\overline{C}_{iL(R)}$——左（右）制动平板第i（$i=1$，2，3）个检定点，3次测试的制动力示值平均值（daN）。

13. 轮重分辨力

给平板制动台加载不小于50kg的轮载荷，待平板制动台的轮重示值稳定后，再从0.5kg砝码开始逐渐给平板制动台添加砝码，直至平板制动台的轮重示值有变化时，记录所添加的砝码数，即为平板制动台的轮重分辨力，应满足表6-3中序号9的要求。

14. 轮重仪器漂移

平板制动台空载，接通电气系统电源并预热，轮重显示仪表清零（零位），5min后读取平板制动台的轮重示值，该示值即为轮重仪器漂移，应满足表6-3中序号10的要求。

15. 轮重示值误差

（1）轮重示值误差（不加恒定力）

轮重示值误差可采用专用轮重加载装置或者砝码进行测试，在测试结果有争议时采用砝码法。

专用轮重加载装置测试法：安装专用轮重加载装置，连接轮重标定仪，平板制动台和轮重标定仪调零。选择平板制动台最大称量的10%、50%和100%（或常用最大检定点）为检定点。按所选检定点由小到大逐级加载轮重，分别读取加载后各检定点轮重标定仪示值$D_{iL(R)}$和平板制动台轮重示值$E_{iL(R)}$，重复三次，计算每一检定点3次示值的平均值$\overline{D}_{iL(R)}$和$\overline{E}_{iL(R)}$；每次测试前轮重标定仪和平板制动台仪表应同时清零或复位。按式（6-15）计算各检定点左（右）制动平板空载时的轮重示值误差$\sigma_{iL(R)}$，制动平板组所有检定点的轮重示值误差$\sigma_{iL(R)}$应满足表6-3中序号11的要求。

$$\sigma_{iL(R)} = \frac{\overline{E}_{iL(R)} - \overline{D}_{iL(R)}}{\overline{D}_{iL(R)}} \times 100\% \tag{6-15}$$

式中　$\sigma_{iL(R)}$——左（右）制动平板第i（$i=1$，2，3）个检定点的轮重示值误差；

　　　$\overline{D}_{iL(R)}$——左（右）制动平板第i（$i=1$，2，3）个检定点轮重标定仪3次示值的平均值（kg）；

　　　$\overline{E}_{iL(R)}$——左（右）制动平板第i（$i=1$，2，3）个检定点的3次轮重示值的平均值（kg）。

砝码测试法：平板制动台轮重显示仪表清零，检定点选择与专用轮重加载装置测试法相同。按所选检定点由小到大逐级加载砝码，分别读取加载后各检定点所加砝码数$D_{iL(R)}$和平板制动台轮重值$E_{iL(R)}$；每次测试前平板制动台仪表应清零或复位。按式（6-16）计算各检定点左（右）制动平板空载时的轮重示值误差$\sigma_{iL(R)}$，制动平板组所有检定点的轮重示值误差应满足表6-3中序号11的要求。

$$\sigma_{iL(R)} = \frac{E_{iL(R)} - D_{iL(R)}}{D_{iL(R)}} \times 100\% \tag{6-16}$$

式中 $\sigma_{iL(R)}$——左（右）制动平板第i（$i=1$，2，3）个检定点的轮重示值误差；

$D_{iL(R)}$——左（右）制动平板第i（$i=1$，2，3）个检定点所加砝码数（kg）；

$E_{iL(R)}$——左（右）制动平板第i（$i=1$，2，3）个检定点的轮重示值（kg）。

（2）轮重示值误差（加载恒定力）

安装专用制动力加载装置，平板制动台仪表调零。选择200kg、500kg两个轮重检定点。按所选检定点给平板制动台加200kg标准载荷W_{oi}砝码或其他可搬动的配重，然后沿制动力方向给平板制动台加恒定力（500±50）daN，读取平板制动台轮重示值$E_{iL(R)}$，然后按式（6-17）计算在加载恒定力状态下的轮重示值误差$\sigma_{wiL(R)}$。500kg检定点照此进行。制动平板组两个检定点在加载恒定力状态下的轮重示值误差$\sigma_{wiL(R)}$应满足表6-3中序号12的要求。

$$\sigma_{wiL(R)} = \frac{E_{iL(R)} - W_{oi}}{W_{oi}} \times 100\% \tag{6-17}$$

式中 $\sigma_{wiL(R)}$——左（右）制动平板第i（$i=1$，2）个检定点在加载恒定力状态下的轮重示值误差；

W_{oi}——给制动平板第i（$i=1$，2）个检定点施加的标准载荷（kg）；

$E_{iL(R)}$——左（右）制动平板第i（$i=1$，2）个检定点轮重示值（kg）。

16. 轮重回零误差

（1）轮重回零误差（不加恒定力）

平板制动台仪表调零或复位，给平板制动台加载200kg以上的载荷（砝码），然后卸载，读取平板制动台轮重偏离零位的示值，即为平板制动台在空载状态下的轮重回零误差；重复测试三次，制动平板组所有的轮重回零误差应满足表6-3中序号13的要求。

（2）轮重回零误差（加载恒定力）

平板制动台仪表及专用标准测力仪调零或复位，先给平板制动台加载200kg以上的载荷（砝码），再沿制动力方向给平板制动台加恒定力（500±50）daN，然后卸载载荷（砝码），读取平板制动台轮重偏离零位的示值，即为平板制动台在加载恒定力状态下的轮重回零误差；重复测试三次，制动平板组所有的轮重回零误差应满足表6-3中序号14的要求。

17. 轮重重复性

按所选10%、50%和100%三个检定点由小到大逐级加砝码测试，读取加载时各检定点平板制动台的轮重示值$E_{iL(R)}$；重复测试三次；根据JJF 1001—2011中的定义，采用变差系数法按式（6-18）计算各检定点的轮重重复性$\gamma_{iL(R)}$，各检定点的轮重重复性应满足表6-3中15的要求。

$$\gamma_{iL(R)} = \frac{E_{iL(R)\max} - E_{iL(R)\min}}{C \overline{E}_{iL(R)}} \times 100\% \qquad (6\text{-}18)$$

式中 $\gamma_{iL(R)}$——左（右）制动平板第 i（i = 1，2，3）个检定点的轮重重复性；

$E_{iL(R)\min}$——左（右）制动平板第 i = 1，2，3 个检定点 3 次轮重示值中的最小值（kg）；

$E_{iL(R)\max}$——左（右）制动平板第 i = 1，2，3 个检定点 3 次轮重示值中的最大值（kg）；

$\overline{E}_{iL(R)}$——左（右）制动平板第 i = 1，2，3 个检定点 3 次轮重示值的平均值（kg）；

C——极差系数（n = 3，C 取 1.69）。

18. 轮重偏载

平板制动台调零，空载，在制动平板上任意不同位置（至少应包括制动平板的四个角位上）依次施加不小于 150kg 的载荷，读取每一位置点对应的轮重示值，取其中的最大值与最小值之差为轮重偏载，应满足表 6-3 中序号 16 的要求。

第 7 章 前照灯检验

前照灯是机动车在夜间或在能见度较低的条件下，为驾驶人提供行车道路照明的重要设备，而且也是驾驶人发出警告，进行联络的灯光信号装置。所以，前照灯必须有足够的发光强度和正确的照射方向。由于在行车过程中，车辆受到振动，可能引起前照灯部件的安装位置发生变动，从而改变光束的正确照射方向。同时，灯泡在使用过程中会逐步老化，反射镜也会受到污染而使其聚光性能变差，导致前照灯的亮度不足。这些变化，都会使驾驶人对前方道路情况辨认不清，或在对面来车交会时造成对方驾驶人眩目等，从而导致事故的发生。因此，前照灯的发光强度和光束的照射方向，被列为机动车运行安全检验和道路运输车辆检验的项目。

7.1 前照灯检测仪的结构与工作原理

7.1.1 投影式前照灯检测仪结构与工作原理

检测仪主体由车架和受光箱两部分构成。受光箱用以接收被检前照灯的光束并进行检测。受光箱安装在车架上，可沿立柱由电动机驱动（或摇动手轮）上下移动，并可在地面上沿轨道左右移动，其外形、结构见图 7-1。

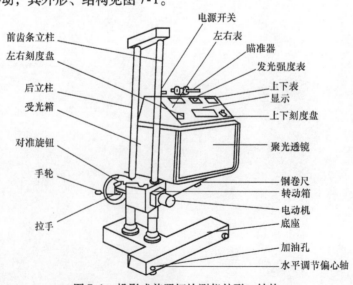

图 7-1 投影式前照灯检测仪外形、结构

由被检前照灯发出的光束经聚光镜会聚后，由反射镜反射到屏幕上。屏幕呈半透明状态，在屏幕上可看到光束的光分布图形。该图形近似于在 10m 屏幕上观察的光分布特性。屏幕上对称分布五个光检测器，如图 7-2 所示。No. 1 及 No. 2 用以检测垂直方向的光分布，其输出电流经转换成电压后，连接到垂直方向的指示表上。通过旋转上下刻度盘，使反光镜移动，从而使 No. 1 及 No. 2 输出信号相等，上下指示表指示为零。此时，上下刻度盘指示出光轴偏移量的数值。No. 3 及 No. 4 用以检测左右方向的光分布情况，其原理同上。由左右刻度盘指示出光轴偏移量。No. 5 用以检测发光强度，其输出放大后由发光强度指示表指示发光强度数值。

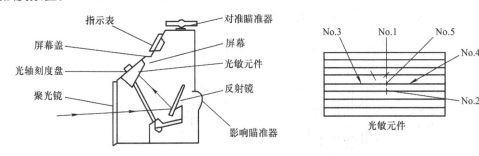

图 7-2　受光箱内部结构图和光敏元件

7.1.2　自动跟踪光轴式前照灯检测仪结构与工作原理（单测远光）

检测仪外形如图 7-3 所示。仪器主要由驱动机构及光接收箱构成。底箱内装左右方向驱动系统及垂直方向牵引系统，以驱动仪器整机做左右方向运动，及牵引光接收箱做垂直方向运动。仪器可沿导轨左右移动整个设备。在光接收箱内部有一透镜组件（图 7-4）。在光接收箱的正面装有上下左右四个光敏元件，用于光轴追踪。其原理，当上下光敏元件收到的光照度不同时，产生的偏差信号驱动上下传动部件中的电动机，牵引光接收箱向光照平衡的位置移动。同样，左右光电池的偏差信号驱动左右传动部件中的电机，使仪器向左向右移动，直到光轴位置偏差信号为零时，灯光仪停止移动，灯光的光轴处于光接收箱的中心上。同时在透镜后面的四象限光敏元件收到前照灯光束经透镜聚光后，照射在这一光敏元件组的中央时，4 个光敏元件产生的偏差信号为零（上下表和左右表指示为零）。如果在仪器定位于主光轴位置时，通过

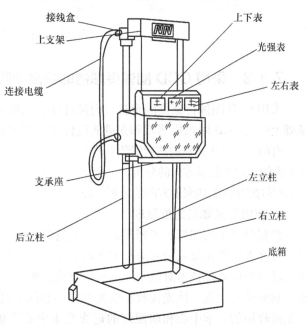

图 7-3　自动跟踪光轴式前照灯检测仪外形结构

聚光透镜的光束偏离中心位置，必然产生偏差信号。左右偏移的偏差信号驱动电动机，使透镜移动，以减少这一偏差，亦即使得汇聚的光束向光敏元件组中心逼近。同样，上下偏移偏差信号则驱动透镜在垂直方向上做调整，以使光点能在垂直方向逼近光敏元件组的中心。透镜在两个方向的位移量由分别安装在两个方向的位移传感器经电路放大处理后，分别将偏移量显示在左右指示表上和上下指示表上并输出。光强在四象限光敏元件中心聚焦后，由四象限光敏元件组与光照强度产生正比的电信号，经叠加后，在经过放大电路放大后送到光强表上指示并输出。

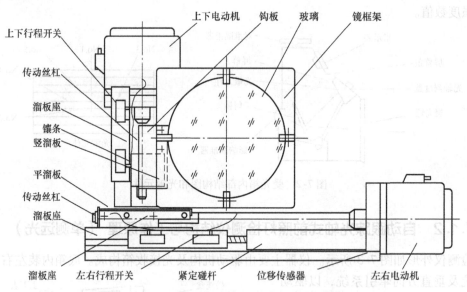

图 7-4　自动跟踪光轴式前照灯检测仪的透镜组件

7.1.3　采用 CCD 图像传感器的全自动前照灯远近光检测仪简介

采用 CCD 图像传感器的全自动前照灯远近光检测仪（图 7-5），是在全自动远光检测仪基础上结合 CCD 图像传感器和先进的图像处理技术发展而来的。

有的检测仪在透镜的前后安装有两个 CCD 摄像机（图 7-6），分别负责光轴的跟踪和前照灯配光性能，以及照射方向的分析。也有的检测仪在透镜后安装有一个 CCD 摄像机（图 7-7），用于前照灯配光性能和照射方向的分析，而光轴的跟踪仍沿用以前的光敏元件方法。

1. 前照灯光轴的定位原理

根据机动车前照灯远光或近光的配光特性、CCD 测量技术特点和聚光透镜的聚光特性，可以对进入仪器光接收箱未进行聚光的机动车前照灯远光光束进行拍摄，利用高性能计算机和先进的图像处理技术对整个光斑进行量化分析处理，找出前照灯的光轴中心，通过控制系统控制驱动电动机，使光接收箱的光学中心和前照灯的远光（或近光）光束中心准确重合。当光接收箱的光学中心和前照灯的远光光束中心准确重合时（如图 7-8a 所示），上下、左右电动机不动，仪器处于平衡状态。当光接收箱的光学中心和前照灯的远光光束中心不重合时（如图 7-8b 所示），计算机会发出指令，使上下、左右电动机运转，直到光接收箱的光学中心和前照灯的远光光束中心准确重合。

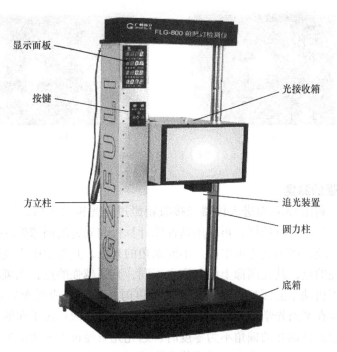

图 7-5 全自动前照灯远近光检测仪结构

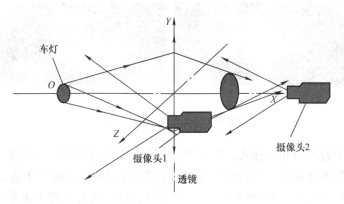

图 7-6 双 CCD 检测仪原理结构

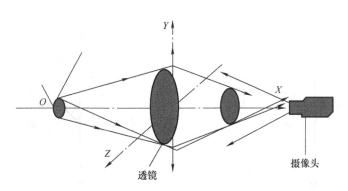

图 7-7 单 CCD 检测仪原理结构

图 7-8　定位原理

2. 偏角和光强的测量

对准光轴后，利用 CCD 对进入仪器光接收箱经过聚光镜聚光后，聚集在平面屏幕上的机动车前照灯远光光斑进行拍摄，再利用高性能计算机和先进的图像处理技术对整个平面光斑进行量化分析处理，找出其光束中心。不同偏角的光束，其光学中心成像在平面上的位置也不同，不同光强的点，其在图像上的灰度也不同，光强越强的点，光斑越白，光强越小的点，光斑越暗。当机动车前照灯远光的偏角为零度时，远光（或近光）灯光束经过聚光透镜聚光后，其成像在平面光学中心，也在平面的中心，其成像在焦平面的光分布图如图 7-9a 所示。当机动车前照灯远光的偏角不为零度时，远光光束经过聚光透镜聚光后，其成像不在平面光学中心，也不在平面的中心，其成像在焦平面的光分布图如图 7-9b 所示。

 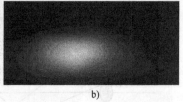

图 7-9　偏角和光强的测量

汽车前照灯的近光为非对称式，即光形分布有一条明显的明暗截止线。非对称式配光有两种：一种是在配光屏幕上，明暗截止线的水平部分在 $V-V$ 线的左半边，右半边为水平线向上成 15°的斜线，如图 7-10a 所示；另一种是明暗截止线右半边为水平线向上成 45°斜线至垂直距离 25cm 转向水平的折线，由于明暗截止线呈 Z 形，亦称 Z 形配光，如图 7-10b 所示。

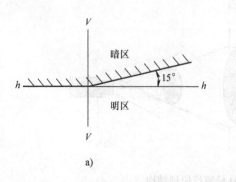 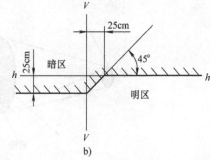

图 7-10　非对称式配光示意图

7.2 前照灯检验工作

7.2.1 前照灯检验方法

1. 设备要求

前照灯光束照射位置检验及前照灯远光光束发光强度测量，应使用具备远近光光束照射位置检验功能的前照灯检测仪。

2. 检验前仪器及车辆准备

检验前，仪器及车辆准备如下：

1）检测仪受光面应清洁。
2）对手动式前照灯检测仪，应检查其电池电压是否在规定范围内。
3）轨道内应无杂物，使仪器移动轻便。
4）前照灯应清洁。

3. 检验方法

（1）自动式前照灯检测仪检验

1）采用自动式前照灯检测仪检验时，按以下步骤进行：

① 车辆沿引导线居中行驶至规定的检测距离处停止，车辆的纵向轴线应与引导线平行，如不平行，车辆应重新停放，或采用车辆摆正装置进行摆正。

② 置变速器于空档（无级变速二轮、三轮车辆应实施制动），车辆电源处于充电状态，开启前照灯远光灯。

③ 给自动式前照灯检测仪发出启动测量的指令，仪器自动搜寻被检前照灯，并测量其远光发光强度及远光照射位置偏移值。

注意：前照灯远光照射位置偏移值检验仅对远光光束能单独调整的前照灯进行；远光光束能单独调整的前照灯是指手工或通过使用专用工具，能够在不影响近光光束照射角度的情况下调整远光光束照射角度的前照灯，通常情况下远近光束一体的前照灯，其远光光束照射角度不能单独进行调整。

④ 被检前照灯转换为近光光束，自动式前照灯检测仪自动检测其近光光束明暗截止线转角（或中点）的照射位置偏移值。

⑤ 按上述③、④步骤完成车辆所有前照灯的检测。

⑥ 在对并列的前照灯（四灯制前照灯）进行检验时，应将与受检灯相邻的灯遮蔽。

⑦ 采用气体放电光源前照灯时，测试前应预热。

2）三轮汽车、摩托车前照灯检验时，按以下步骤进行：

① 将车辆停止在规定的位置。

② 保持前照灯正对检测仪，有夹紧装置的将车轮夹紧。

③ 开启前照灯检测仪进行检测，检测过程中车辆应处于充电状态（档位置于空档，无级变速的车辆应实施制动）。

④ 对两轮机动车和装用一只前照灯的三轮机动车，记录前照灯远光光束发光强度。对

装用两只或两只以上前照灯的三轮机动车，参照"1）采用自动式前照灯检测仪检验时"的方法进行。

(2) 手动式前照灯检测仪检验

用手动式前照灯检测仪检验时，参照"（1）自动式前照灯检测仪检验"的方法进行。

7.2.2 前照灯检测仪的保养

1) 仪器的立柱应保持清洁，并每天加润滑油少许，以利滑行。
2) 导轨的表面应保持洁净，去除砂粒、油泥、小石子等。严禁加油润滑表面。
3) 每年对检测仪进行校准。

7.3 前照灯检验标准限值及不合格原因分析

7.3.1 检验标准限值

本检验标准限值的依据是 GB 7258—2017。

1. 远光光束发光强度要求

机动车每只前照灯的远光光束发光强度应达到表 7-1 的要求。并且，同时打开所有前照灯（远光）时，其总的远光光束发光强度应符合 GB 4785—2007《汽车及挂车外部照明和光信号装置的安装规定》的规定（430000cd）。测试时，电源系统应处于充电状态。

表 7-1 前照灯远光光束发光强度最小值要求　　　　　　　　　（单位：cd）

机动车类型		检查项目					
		新注册车			在用车		
		一灯制	两灯制	四灯制[a]	一灯制	二灯制	四灯制[a]
三轮汽车		8 000	6 000	—	6 000	5 000	—
最高设计车速小于70km/h 的汽车		—	10 000	8 000	—	8 000	6 000
其他车		—	18 000	15 000	—	15 000	12 000
普通摩托车		10 000	8 000	—	8 000	6 000	—
轻便摩托车		4 000	3 000	—	3 000	2 500	—
拖拉机运输机组	标定功率>18kW	—	8 000	—	—	6 000	—
	标定功率≤18kW	6 000[b]	6 000	—	5 000[b]	5 000	—

a. 四灯制是指前照灯具有四个远光光束；采用四灯制的机动车，其中两只对称的灯达到两灯制的要求时视为合格。
b. 允许手扶拖拉机运输机组只装用一只前照灯。

2. 光束照射位置要求

1) 在空载车状态下，汽车、摩托车前照灯近光光束照射在距离 10m 的屏幕上，近光光束明暗截止线转角或中点的垂直方向位置，对近光光束透光面中心（基准中心，下同）高度小于等于 1 000mm 的机动车，应不高于近光光束透光面中心所在水平面以下 50mm 的直线，且不低于近光光束透光面中心所在水平面以下 300mm 的直线；对近光光束透光面中心高度大于 1 000mm 的机动车，应不高于近光光束透光面中心所在水平面以下 100mm 的直线，且不低于近光光束透光面中心所在水平面以下 350mm 的直线。除装用一只前照灯的三轮汽车和摩托车外，前照灯近光光束明暗截止线转角或中点的水平方向位置，与近光光束透光面中心所在垂直面相比，向左偏移应≤170mm，向右偏移应≤350mm。

2）在空载车状态下，轮式拖拉机运输机组前照灯近光光束照射在距离 10m 的屏幕上，近光光束中点的垂直位置应≤0.7H（H 为前照灯近光光束透光面中心的高度），水平位置向右偏移应≤350mm，且不应向左偏移。

3）在空载车状态下，对于能单独调整远光光束的汽车、摩托车前照灯，前照灯远光光束照射在距离 10m 的屏幕上，其发光强度最大点的垂直方向位置，应不高于远光光束透光面中心所在水平面（高度值为 H）以上 100mm 的直线，且不低于远光光束透光面中心所在水平面以下 0.2H 的直线。除装用一只前照灯的三轮汽车和摩托车外，前照灯远光发光强度最大点的水平位置，与远光光束透光面中心所在垂直面相比，左灯向左偏移应≤170mm，且向右偏移应≤350mm，右灯向左和向右偏移均应≤350mm。

7.3.2 造成前照灯不合格的主要原因

1）前照灯发光强度偏低：在前照灯照射位置正确的前提下，应检查反光镜的光泽是否明亮；灯泡是否老化；蓄电池到灯座的导线电压降是否过大；是否存在搭铁不良等原因。

2）前照灯光束照射位置偏斜：可在前照灯检测仪上通过前照灯上的调整装置进行调整。

3）劣质前照灯的问题：没有光形；前照灯近光亮区暗；前照灯近光暗区漏光；前照灯远光亮区暗。原因：配光镜和反光镜的角度、弧线，以及它们之间的相互配合存在设计问题；配光镜材质问题，对光的吸收率高；反光罩加工粗糙，材料低劣，造成反光率差。

7.4　前照灯检测仪计量检定

依据 JJG 745—2016《机动车前照灯检测仪》，具体检定要求如下。

7.4.1　计量性能要求

1. 发光强度

发光强度示值最大允许误差为 ±15%。

2. 光轴偏移值（角）

1）发光强度为定值（如 20kcd）时，光轴偏移值（角）的示值最大允许误差为 ±4.4cm/dam（±15′）。

2）自动式前照灯检测仪的光轴偏移值（角）示值间差最大不超过 ±4.4cm/dam（±15′）。

3）发光强度改变时，光轴偏移值（角）的示值最大允许误差为 3.5cm/dam（±12′）。

3. 跟踪时间

自动式前照灯检测仪在能接收前照灯光束照射的范围内，自动跟踪测定时间不大于 20s。

4. 光接收器的疲劳特性

前照灯仪光接收器的疲劳性：其发光强度示值的相对变化不超过3%。

5. 基准中心高度

前照灯仪的基准中心离地高度值最大允许误差为±0.01m。

6. 导轨水平面度

自动式前照灯仪导轨水平面度应在3mm/m范围内。

7.4.2 检定方法

1. 前照灯检测仪校准器的安置

（1）手动式前照灯检测仪检定前的校准器的安置

对手动式前照灯检测仪应按产品说明书规定的方法安置校准器。

（2）自动式前照灯检测仪检定前校准器的安置

1）如图7-11所示，应在离被检前照灯检测仪$L+(2-3)$m处（L为前照灯检测仪规定的检测距离），安置经纬仪，并调整好经纬仪的水平。

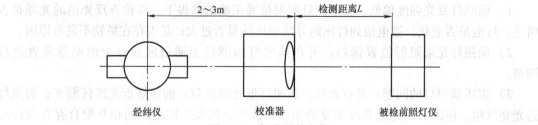

图7-11 标准器的安装

2）在地面上画一条基准线（粗细不超过1mm），并使基准线处于经纬仪竖轴中心位置，且与检验车辆用的引车线平行。

3）用经纬仪望远镜十字丝垂线瞄准地面上的基准线，锁紧经纬仪的水平制动器。调节水平微动使望远镜保持只能在一个中心垂直面上旋转，而且地面上的基准线就处在这个垂直面中。

4）根据被检前照灯仪规定的检测距离安置前照灯检测仪校准器。调整好校准器水平，同时调整校准器的方向和位置，使其前后两准星都处于经纬仪望远镜十字丝垂直线上。

5）检测站中没有引车线或引车线难以辨认，无法作为基准的情况下，应以被检前照灯检测仪的导轨为基准，做导轨的垂直线为基准线，按产品说明书的规定安置校准器。

2. 发光强度示值误差

1）被检前照灯仪按使用说明书要求开机预热。

2）光轴偏移值（角）为零时发光强度示值误差，对测量上限为60kcd的灯光仪：将校准器光轴偏移值（角）置于零。校准器的发光强度按8kcd、10kcd、15kcd、20kcd、30kcd、40kcd逐次改变，并读取前照灯检测仪相应发光强度示值。重复3次，取平均值。

3）对测量上限为120kcd的灯光仪：将校准器光轴偏移值（角）置于零。校准器的发光强度按8kcd、15kcd、20kcd、30kcd、40kcd、60kcd逐次改变，并读取前照灯检测仪相应发光强度示值。重复3次，取平均值。

4）按式（7-1）计算前照灯检测仪光轴偏移值（角）为零时的各测量点发光强度示值

误差，应符合计量性能的要求

$$\delta_i = \frac{\overline{I}_i - I_{oi}}{I_{oi}} \times 100\% \tag{7-1}$$

式中　δ_i——第 i 个测量点发光强度的相对示值误差，$i = 1$，…，6；

　　　$\overline{I}_i$——第 i 个测量点前照灯检测仪发光强度 3 次读数的平均值（kcd）；

　　　I_{oi}——第 i 个测量点校准器的标准发光强度（kcd）。

3. 光轴偏移值（角）不为零时发光强度示值误差

将校准器发光强度置于 20kcd，校准器光轴偏移值（角）分别置于表 7-2 所列 A 组检定点，读取前照灯检测仪相应发光强度示值。重复 3 次取平均值，按式（7-2）计算前照灯检测仪光轴偏移值（角）为任意值时的发光强度示值误差，应符合计量性能的要求。

$$\delta_j = \frac{\overline{I}_j - I_{oj}}{I_{oj}} \times 100\% \tag{7-2}$$

式中　δ_j——第 j 个测量点发光强度的相对示值误差，$j = 1$，…，4；

　　　$\overline{I}_j$——第 j 个测量点前照灯检测仪发光强度 3 次读数的平均值（kcd）；

　　　I_{oj}——第 j 个测量点校准器的标准发光强度，15kcd。

表 7-2　光轴偏移值（角）测量点

组	单位	1	2	3	4
A	cm/dam （°）	上 17.5；左 35 （上 1；左 2）	上 17.5；右 35 （上 1；右 2）	下 35；左 35 （下 2；左 2）	下 35；右 35 （下 2；右 2）
B	cm/dam （°）	上 8.7；左 17.5 （上 0.5；左 1）	上 8.7；右 17.5 （上 0.5；右 1）	下 17.5；左 17.5 （下 1；左 1）	下 17.5；右 17.5 （下 1；右 1）

4. 光轴偏移值（角）示值误差及间差

（1）手动式前照灯检测仪光轴偏移值（角）

将校准器发光强度置于 20kcd，按表 7-2 中的 A 组所列检定点，分别设定校准器不同的光轴偏移值（角），读取前照灯检测仪光轴偏移值（角）的示值，按式（7-3）计算水平方向偏移值（角）示值误差，按式（7-4）计算垂直方向偏移值（角）示值误差（$i = 1$，…，4），应符合计量性能的要求

$$\Delta V_i = \alpha_i - \alpha_{oi} \tag{7-3}$$
$$\Delta H_i = \theta_i - \theta_{oi} \tag{7-4}$$

式中　ΔV_i——第 i 个测量点水平方向光轴偏移值（角）的示值误差，$i = 1$，…，4；

　　　ΔH_i——第 i 个测量点垂直方向光轴偏移值（角）的示值误差，$i = 1$，…，4；

　　　α_i——第 i 个测量点水平方向前照灯检测仪光轴偏移值（角）的示值 [cm/dam 或（°）]；

　　　α_{oi}——第 i 个测量点水平方向校准器光轴偏移值（角）的标准值 [cm/dam 或（°）]；

　　　θ_i——第 i 个测量点垂直方向前照灯检测仪光轴偏移值（角）的示值 [cm/dam 或（°）]；

　　　θ_{oi}——第 i 个测量点垂直方向校准器光轴偏移值（角）的标准值 [cm/dam 或（°）]。

（2）自动式前照灯仪光轴偏移值（角）示值误差及间差

将校准器发光强度置于20kcd，按表7-2所列A、B两组的检定点，分别设定校准器不同的光轴偏移值（角），让前照灯检测仪自动跟踪测量，示值稳定后读取前照灯检测仪光轴偏移值（角）的示值。按式（7-3）、式（7-4）分别计算示值误差（$i=1$，…，8），应符合计量性能的要求。

在每一个测量点上，通过遮挡或其他方法使受光箱分别偏离平衡点上、下、左、右约15cm后，让其自动跟踪测量回位，每一测量点4次跟踪测量的最大示值误差与最小示值误差之差的绝对值，即为间差检定值，均应符合计量性能的要求。

（3）光强变化时光轴偏移值（角）示值误差

将校准器的光轴偏移值（角）置零，在校准器光强分别置于8kcd，15kcd，20kcd，25kcd，30kcd，40kcd（对测量上限为60kcd的灯光仪）或8kcd，15kcd，20kcd，30kcd，40kcd，60kcd（对测量上限为120kcd的灯光仪）时，读取被检前照灯检测仪的光轴偏移值（角）示值，按式（7-3）、式（7-4）分别计算示值误差。对自动式前照灯检测仪每改变一次光强，应让其任意偏离约15cm后跟踪测量读数。各测量点示值误差应符合计量性能的要求。

5. 跟踪时间

自动式前照灯仪在能接受前照灯光束照射的范围内，将校准器的水平与垂直光轴偏移值（角）都置于零，发光强度分别调至8kcd和30kcd两个点，靠遮挡或其他方法使前照灯检测仪随意偏离约15cm后，撤去遮挡并开始计时，让前照灯检测仪自由跟踪测量，直至示值稳定时结束计时，记取的跟踪时间应符合计量性能的要求。

6. 光接收器的疲劳特性

将校准器发光强度调至20kcd，对前照灯检测仪照射2min时读取发光强度示值，然后继续再照射10min后读取发光强度示值，按式（7-5）计算其相对变化值，应符合计量性能的要求

$$\delta_i = \frac{|I_{10\min} - I_{2\min}|}{I_{2\min}} \times 100\% \tag{7-5}$$

式中　δ_i——发光强度示值相对变化值；

$I_{2\min}$——对前照灯检测仪照射2min时的发光强度示值（kcd）；

$I_{10\min}$——对前照灯检测仪照射10min时的发光强度示值（kcd）。

7. 基准中心离地高度示值误差

（1）手动式前照灯仪

将校准器发光强度调至20kcd，水平与垂直光轴偏移值（角）置零，用钢卷尺测出校准器基准中心离地高度值，前照灯检测仪按仪器使用说明书规定的方法对准校准器，按式（7-6）计算前照灯基准中心离地高度示值误差，应符合计量性能的要求

$$\Delta H = h - H \tag{7-6}$$

式中　ΔH——前照灯基准中心离地高度示值误差（cm）

h——前照灯基准中心离地高度示值（cm）；

H——校准器基准中心离地高度（cm）。

（2）自动式前照灯检测仪

将校准器发光强度调至 20kcd，水平与垂直偏移值（角）置于零，用钢卷尺测出校准器基准中心高度值，让前照灯仪进行检测，自动跟踪稳定后读取前照灯仪上的高度示值，按式（7-6）计算前照灯基准中心离地高度示值误差，应符合计量性能的要求。

8. 导轨水平面度

把条式水平仪分别按垂直和平行于导轨方向放在自动式前照灯检测仪的受光箱上，在导轨的行程范围内移动被检前照灯仪，观察条式水平仪的水泡变化值即为检定值，应满足计量性能的要求。

第 8 章 转向盘力—角仪检验

转向盘自由转动量,是指汽车转向轮保持直线行驶位置静止不动时,轻轻左右晃动转向盘测得的游动角度。转向盘的转向力,是指在一定行驶条件下,作用在转向盘外缘的切向力。这两个诊断参数主要用来诊断转向轴和转向系中各零件的配合状况。该配合状况直接影响到汽车的操纵稳定性和行车安全性,因此,对于在用车辆必须对上述两项参数进行检验。

8.1 转向盘力—角仪及检验方法

8.1.1 转向盘力—角仪结构与工作原理

转向盘力—角仪是以微机为核心的智能化仪器,可测得转向盘自由行程和作用在转向盘上的转向力。该仪器由机械卡盘、测试仪表、定位杆组成,仪器结构如图 8-1 所示。卡盘下方具有可调节卡爪,可根据转向盘实际直径调节卡爪的位置,用于卡紧被检测的转向盘。测试仪表部分由测力传感器、测角传感器、单片机主控板、液晶显示板、按键板、电池盒组合而成。定位杆是从测试仪表面板中心伸出,用于确定转向角基准零点位置,可通过夹子固定在被测车辆前遮阳板上。使用时,旋转机械卡爪右端的螺栓,调节卡爪的位置使之较被测转向盘直径略大,将测试仪贴紧在转向盘上。旋转调节螺栓,使机械卡爪卡紧在转向盘上。反复转动仪器操作盘,确认仪器连接无松动。然后插上定位杆将夹子夹在

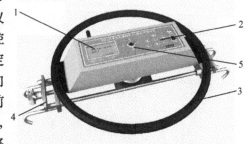

图 8-1 转向盘力—角仪结构图
1—显示窗口 2—控制按钮 3—测试操纵盘
4—测试固定架 5—角度测试定位杆座

被测车辆的遮阳板上。转向盘力—角仪安装完毕调零后,转动操纵盘,力矩传感器将转向力矩转变成电信号,而定位杆内端连接的角度测量装置则将转角的变化转变成电信号。这两种电信号由微机自动完成数据采集、转角编码、运算、分析、存储、显示。因此,使用该仪器既可测得转向盘的转向力,又可测得转向盘的自由转动量。

8.1.2 转向盘力—角检验方法和数据分析

1. 转向盘自由转动量的检验方法

1) 被检车辆置于平坦、干燥、清洁的硬质地(路)面,转向轮保持回正位置,发动机

熄火。

2）将转向盘力—角仪安装在被检车辆的转向盘上。

3）转向盘力—角仪设为峰值保持并清零，转动转向力—角仪的操纵盘至一侧有阻力为止（转向轮转动临界点），读取角度值，记作 A_1，再转至另一侧有阻力为止，读取角度值，记作 A_2。A_1 与 A_2 间的自由角度即为转向盘最大自由转动量。

2. 转向轻便性原地检验方法

1）被检车辆置于平坦、干燥、清洁的硬质地（路）面，转向轮保持回正位置。

2）将转向盘力—角仪安装在被检车辆的转向盘上。

3）起动车辆，以 10km/h 的速度在 5s 之内沿螺旋线从直线行驶过渡到外圆直径为 25m 的车辆通道圆行驶，测取施加于转向盘外缘的力矩，记录全过程中转向力矩的最大值，然后再除以转向盘的半径（单位 m）就得到了最大转向力。

3. 转向操作性检验标准

依据 GB 7258—2017 确定检验标准如下。

1）转向盘的最大自由转动量：最大设计车速≥100km/h 的汽车为 15°；三轮汽车为 35°；其他机动车为 25°。

2）转向轻便性：施加于转向盘外缘的最大切向力应≤245N。

4. 数据分析

转向盘自由转动量、最大转向力超标主要有以下几个方面的原因：

1）轮胎气压不当。

2）前轮定位不正确、前轮轴承磨损。

3）转向系万向节磨损、悬架臂球头磨损、转向柱卡滞、滑叉磨损。

4）转向系机械结构间隙过大。

5）助力装置失效。

8.2 转向盘力—角仪计量校准

依据 JJF 1196—2008《机动车方向盘转向力—转向角检测仪校准规范》的要求，校准方法如下。

8.2.1 计量特性

1. 转向力（或力矩）

1）测量范围：

转向力：100~500N。

转向力矩：20~100N·m。

2）最大允许误差：±3%。

3）重复性：3%。

4）分度值 d：

转向力：不大于1N。

转向力矩：不大于0.2N·m。

5）鉴别力：不大于1.5d（分度值）。

6）漂移：数字显示式仪表的变化量10min内不大于2d。

2. 转向角

1）测量范围：顺时针、逆时针各旋转均不小于50°；对用于汽车试验，并带有信号输出端口的转向盘力—角仪，应不小于1080°。

2）最大允许误差：±3°。

3）重复性：3°。

4）分度值$d_α$：不大于1°。

5）漂移：数字显示式仪表的变化量10min不大于$2d_α$。

注意：由于校准不判定合格与否，故上述计量特性的要求仅供参考。

8.2.2 校准条件

1. 环境条件

环境温度：0~40℃。

相对湿度：≤85%。

2. 校准用器具

(1) 转向力校准

1）砝码校准

① 砝码校准专用装置。

② M_2级千克组砝码（砝码大小、数量根据实际测力范围选择）。

③ M_2级克组砝码（砝码大小、数量根据实际需要选择）。

2）测力仪校准

① 测力仪校准专用装置。

② 测力仪：测量范围100~500N，0.5级。

(2) 转向力矩校准

1）组合校准

① 转向力校准：同8.2.2小节的"2."中"(1)"的规定。

② 长度量具：测量范围0~500mm，最大允许误差±0.5mm。

2）扭矩仪校准

① 扭矩仪校准专用装置。

② 扭矩仪：测量范围20~100N·m，0.5级。

(3) 转向角校准

角度计量器具：测量范围0°~180°，最大允许误差±30′。

(4) 数字多用表

对校准用于汽车试验，并带有信号输出端口的转向盘力—角仪，选用数字多用表，其准确度等级：0.1级。

8.2.3 校准项目和校准方法

检查外观及功能，确认没有影响计量特性的因素后进行校准。

1. 转向力（或力矩）的校准

（1）转向力（或力矩）测量点的确定

分别按顺时针和逆时针旋转方向，取约为满量程（或实际使用最大量程）的 20%、40%、60%、80%、100% 的 5 个点作为转向力（或力矩）测量点。

（2）最大允许误差

1）转向力。用砝码校准时，将转向盘力—角仪安装在校准装置上，转向盘力—角仪的旋转平面应处于垂直位置。

用测力仪校准时，将转向盘力—角仪安装在校准装置上，应保证在校准时测力仪的力作用线处于被校转向盘力—角仪的盘缘切线方向。

按 8.2.3 小节的 "1." 中 "（1）" 规定的转向力测量点，逐点对转向盘力—角仪加载（在校准的连续加载过程中不得卸载），重复测量 3 次。按式（8-1）分别计算顺时针和逆时针旋转方向相应各点的示值误差

$$\delta_{Fi} = \frac{\overline{X}_i - A_i}{A_i} \times 100\% \tag{8-1}$$

式中　δ_{Fi}——第 i 测量点转向力示值误差，$i = 1, 2, 3, 4, 5$；

　　　$\overline{X}_i$——第 i 测量点转向盘力—角仪的 3 次测量示值（对用于汽车试验，并带有信号输出端口的转向盘力—角仪，应将端口输出信号量按产品说明书给出的转换系数转换为相应的力值）的平均值（N）；

　　　A_i——第 i 测量点加载的标准力值（N）。

2）转向力矩

① 组合校准。用长度量具测量转向盘力—角仪盘缘两个相互垂直的直径 D_1 和 D_2（或通过转向盘力—角仪中心轴线的实际作用的力臂长度 L_1 和 L_2）。按 8.2.3 小节的 "1." 中 "（1）" 规定的转向力矩测量点逐点对转向盘力—角仪加载，重复测量 3 次。按式（8-2）或式（8-3）分别计算顺时针和逆时针旋转方向相应各点的示值误差

$$\delta_{Mi} = \frac{\overline{M}_i - \dfrac{B_i(D_1 + D_2)}{4}}{\dfrac{B_i(D_1 + D_2)}{4}} \times 100\% \tag{8-2}$$

$$\delta_{Mi} = \frac{\overline{M}_i - \dfrac{B_i(L_1 + L_2)}{2}}{\dfrac{B_i(L_1 + L_2)}{2}} \times 100\% \tag{8-3}$$

式中　δ_{Mi}——第 i 测量点转向力矩示值误差，$i = 1, 2, 3, 4, 5$；

　　　$\overline{M}_i$——第 i 测量点转向盘力—角仪的 3 次测量示值（对用于汽车试验，并带有信号输出端口的转向盘力—角仪，应将端口输出信号量按产品说明书给出的转换系数转换为相应的力矩值）的平均值（N·m）；

　　　B_i——第 i 测量点加载的标准值（N）；

　　　D_1、D_2——转向盘力—角仪盘缘两个相互垂直的直径（m）；

　　　L_1、L_2——通过转向盘力—角仪中心轴线的实际作用力的力臂长度（m）。

② 扭矩仪校准。用扭矩仪校准时，被校转向盘力—角仪转轴应与扭矩仪的传感器刚性同轴连接。

按 8.2.3 小节的"1."中"（1）"规定的转向力矩测量点逐点对转向盘力—角仪加载力矩（在校准的连续加载过程中不得卸载），重复测量 3 次。按式（8-4）分别计算顺时针和逆时针旋转方向相应各点的示值误差

$$\delta_{Mi} = (M_i) - \frac{M_{si}}{M_{si}} \times 100\% \tag{8-4}$$

式中 M_{si}——第 i 测量点加载的标准力矩值（N·m）。

（3）重复性

1）转向力。在转向力最大允许误差校准的基础上，按式（8-5）分别计算顺时针和逆时针旋转方向相应各点的重复性

$$r_{Fi} = \frac{(X_{i\max} - X_{i\min})}{\overline{X_i}} \times 100\% \tag{8-5}$$

式中 r_{Fi}——第 i 测量点转向力示值重复性误差；

$X_{i\max}$——第 i 测量点转向力 3 次测量示值中的最大值（N）；

$X_{i\min}$——第 i 测量点转向力 3 次测量示值中的最小值（N）；

$\overline{X_i}$——第 i 测量点转向力 3 次测量示值的平均值（N）。

2）转向力矩。在转向力矩最大允许误差校准的基础上，按式（8-6）分别计算顺时针和逆时针旋转方向相应各点的重复性

$$r_{Mi} = \frac{(M_{i\max} - M_{i\min})}{\overline{M_i}} \times 100\% \tag{8-6}$$

式中 r_{Mi}——第 i 测量点转向力矩重复性误差；

$M_{i\max}$——第 i 测量点转向力矩 3 次测量示值中的最大值（N·m）；

$M_{i\min}$——第 i 测量点转向力矩 3 次测量示值中的最小值（N·m）；

$\overline{M_i}$——第 i 测量点转向力矩 3 次测量示值的平均值（N·m）。

（4）鉴别力

在 8.2.3 小节的"1."中"（2）"最大允许误差的校准时，对约为 40%满量程（或实际使用的最大量程）的测量点，逐渐加载 1.0d、1.5d、2.0d……，示值变化时的加载值作为测量结果。

（5）漂移

在 8.2.3 小节的"1."中"（2）"最大允许误差校准时，对约为 40%满量程（或实际使用的最大量程）的测量点（作为起始值）观测约 10min，每隔 5min 记录一次读数。各次读数与起始值的最大差值作为测量结果。

2. 转向角的校准

（1）转向角测量点的确定

分别取顺时针和逆时针旋转方向 10°、30°、50°作为测量点；对用于汽车试验，并带有信号输出端口的转向盘力—角仪测量点应为 0°、50°、180°、720°、1080°。

（2）最大允许误差

按 8.2.3 小节的"2."中"（1）"规定的转向角测量点逐点旋转转向盘力—角仪，读取角度计量器具的相应示值，重复测量 3 次。按式（8-7）分别计算顺时针和逆时针旋转方向相应各点的示值误差

$$\Delta_{\alpha i} = \alpha_i - \bar{\beta}_i \tag{8-7}$$

式中　$\Delta_{\alpha i}$——第 i 测量点示值误差（°）；

　　　α_i——第 i 测量点被校转向盘力—角仪的示值，对用于汽车试验并带有信号输出端口的转向盘力—角仪，应将端口输出信号量按产品说明书给出的转换系数转换为相应的角度值（°）；

　　　$\bar{\beta}_i$——第 i 测量点角度计量器具 3 次示值的平均值（°）。

（3）重复性

在 8.2.3 小节的"2."中"（2）"最大允许误差校准的基础上，按式（8-8）分别计算顺时针和逆时针旋转方向相应各点的重复性

$$r_{\alpha i} = \alpha_{i\max} - \alpha_{i\min} \tag{8-8}$$

式中　$r_{\alpha i}$——第 i 测量点重复性误差（°）；

　　　$\alpha_{i\max}$——第 i 测量点 3 次测量示值中的最大值（°）；

　　　$\alpha_{i\min}$——第 i 测量点 3 次测量示值中的最小值（°）。

（4）漂移稳定性

在 8.2.3 小节的"2."中"（2）"最大允许误差校准时，对约 30°的测量点（作为起始值）固定观测约 10min。每隔 5min 记录一次读数，各次读数与起始值的最大差值作为测量结果。

第 9 章　噪声检验

机动车工作时会发出各种声响,其中有些声响是因工作需要而产生的,如喇叭声、倒车提示声和各种警告声。但是,还有一类声响,如发动机燃烧、排气、传动部件运转、轮胎摩擦地面等发出的声音,对人的听觉器官有一定刺激作用,不仅对驾驶人和乘客有害处,同时还会影响周围环境中的其他人,会对公众的正常工作和生活带来伤害,这就是交通噪声污染。

交通噪声污染是机动车迅速发展带来的三大公害之一。试验表明:当环境噪声超过 45dB 时,人会感觉到明显不适;60~80dB 的噪声可影响人们睡眠;超过 90dB 的噪声则将危及人们的健康。因此,国家制定并实施了一系列标准,对机动车噪声加以限制,如 GB 1495—2002《汽车加速行驶车外噪声限值及测量方法》、GB 16170—1996《汽车定置噪声限值》、GB 16169—2005《摩托车和轻便摩托车加速行驶噪声限值及测量方法》、GB 6376—2008《拖拉机噪声限值》和 GB 18321—2001《农用运输车　噪声限值》(已作废)等。国家标准 GB 7258—2017《机动车运行安全技术条件》对驾驶人耳旁噪声做了相应的规定;并且,考虑到喇叭虽然属于机动车的功能性部件,从保证行车安全的角度出发需要一定的响度,但响度也不能过大。因此,对机动车的喇叭声级也做了上、下限的规定。

为贯彻和实施上述标准,更好地监督控制机动车噪声,人们需要利用声级计等仪器对声源(机动车)进行检测。

9.1　声级计结构与工作原理

声级计是测量声压级大小的仪器。按供电电源种类可以分为交流式和直流式两种,其中直流式声级计因操作携带方便,所以比较常用。图 9-1 所示为 HY104 型声级计的外形图。

声级计一般都是由传声器、放大器、衰减器、计权网络、检波器和指示装置组成,其原理框图如图 9-2 所示。

9.1.1　传声器

传声器也叫话筒,它是将声压信号转变为电信号的传感器,是声级计中的关键元件之一。常见的传声器有晶体式、驻极体式、动圈式和电容式数种。其中电容式传感器是噪声测量中常用的一种,其结构见图 9-3。它主要由金属膜片和靠得很近的金属电极组成,这两者实质上形成了一个平板电容器。在声压的作用下,膜片反复出现变形,使两个极板之间的距离不断发生变化,于是极板间的电容也不断改变。这就为所接的输入电路提供了一个交变电

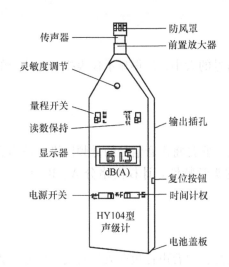

图 9-1 HY104 型声级计外形

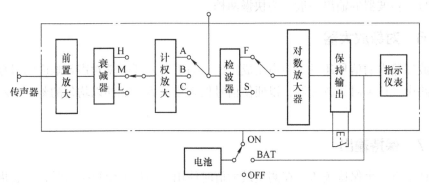

图 9-2 声级计原理框图

信号，信号的大小与声压成一定比例。

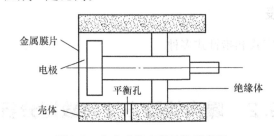

图 9-3 电容式传声器结构示意图

电容式传声器具有动态范围大，频率响应特征好和灵敏度高等特点，因而广泛应用在噪声测量方面。

9.1.2 前置放大器

由于电容式传声器输出信号很小，输出阻抗很高，所以需要通过前置放大器将信号进行放大和实现阻抗匹配。

9.1.3 衰减器

衰减器用于调整输出信号的大小,使得显示仪表指示到适当的位置。根据量程的选择衰减程度分为 H、M、L 三档。

9.1.4 计权放大

计权放大器即计权网络。它是将声音信号的低频段进行适当衰减的电路,以便使仪器的频率特征更好地适应人耳的听觉特性。计权网络分 A、B、C 三种,有的声级计只有 A、C 两种计权。

9.1.5 检波器

在检波器之前的信号还是包含着声音频率成分的交流信号。为了便于仪表指示,信号需经检波处理(实质上就是整流和滤波),以便将快速变化的交流信号转换成变换比较慢的直流电压信号。检波器的输出一般分为快慢两档。

9.1.6 对数放大器

从检波器输出的信号还只是与声压成正比。为了与人耳听觉对声音响应的对数特征相吻合,在电路中设计了对数放大器,以便使信号仪表指示后,能够以均匀的刻度显示所测声级数值。

9.1.7 保持输出

声级计上有一个保持按钮,在测量最大值时使用。当按下保持按钮时,仪表指示的数值只能升不能降,从而可测量某一段时间内的声音最大值。当松开按钮后,自动恢复即时显示。

9.1.8 指示仪表

指示仪表可以有数字式和指针式多种。

9.2 噪声检验方法和数据分析

9.2.1 喇叭声级的检验方法及检测标准

1. 喇叭声级检验方法

1)将声级计置于被检车辆前 2m 处,传声器距地高 1.2m,并指向被检车辆驾驶人位置。

2)调整声级计到 A 计权和快档位置。

3)按响喇叭并保持发声 3s 以上,测取声压级。

2. 检测标准

根据 GB 7258—2017《机动车运行安全技术条件》的规定，机动车（手扶拖拉机运输机组除外）应设置具有连续发声功能的喇叭，喇叭声级在距车前 2m、离地高 1.2m 处测量时，发动机最大净功率（或电动机额定功率总和）为 7kW 以下的摩托车为 80~112dB（A），其他机动车为 90~115dB（A）。

9.2.2 驾驶人耳旁噪声

根据 GB 7258—2017《机动车运行安全技术条件》，对驾驶人耳旁噪声提出如下要求，但是 GB 21861—2014《机动车安全技术检验项目和方法》与 GB 18565—2016《道路运输车辆综合性能要求和检验方法》并没有给出检验项目要求。

1）汽车（纯电动汽车、燃料电池汽车和低速汽车除外）驾驶人耳旁噪声声级应≤90dB（A）。

2）测量驾驶人耳旁噪声时：

① 汽车空载，处于静止状态且变速器置于空档，发动机应处于额定转速状态（当发动机正常工作状态下无法达到额定转速时，则采用可达到的最大转速进行测量，并对测量转速进行记录说明），门窗紧闭；

② 测量位置应符合 GB/T 18697—2002《声学 汽车车内噪声测量方法》的规定；

③ 环境噪声应低于被测噪声值至少 10dB（A）；

④ 声级计置于 A 计权、快档。

9.3 声级计计量检定规程及使用注意事项

9.3.1 计量检定

检定方法应依据 JJG 188—2017《声级计》进行。

1. 通用技术要求

（1）标志

① 制造厂商的厂名或商标。

② 产品的型号、序列号和制造计量器具许可证标志。

③ 采用国际标准或国家标准的编号。

④ 声级计的级别。

⑤ 使用合适的封条或标志，保护使用者容易接触到而影响电声性能的部件。

（2）功能性检查

① 传声器应可移去，以允许插入电试验信号到声级计中前置放大器的输入端。

② 声级计具有频率计权 A，1 级声级计应同时具有频率计权 C，测量 C 计权峰值声级的声级计也应能测量 C 计权时间平均声级。

2. 计量性能检验项目

1）指示声级调整。

2）频率计权。
3）1kHz 处的频率计权。
4）级线性。
5）自生噪声。
6）时间计权 F 和 S。
7）猝发音响应。
8）重复猝发音响应。
9）过载指示。
10）C 计权峰值声级。

9.3.2 声级计使用注意事项

1）仪器使用电池供电时，使用完毕后立即将电池取出，以免电池漏液而损坏机件。
2）仪器应存放于干燥、温暖的场所，如有可能，最好置于干燥器皿中。
3）在拆装传声器、电池或外接电源时，应事先将电源开关置于"关"。
4）不要随意取下传声器的保护罩，以免损坏膜片。当发现膜片脏时，可用脱脂棉蘸以少许三氯乙烯或丙酮轻轻擦拭干净。
5）不要用手触摸输入触头，以防由于人体静电而损坏仪器。
6）液晶是有机化合物，如果长期暴露于强烈的紫外线辐射下，将会发生光化学反应，因此在使用中应尽量避免日光直接照射在显示器上。

第 10 章 汽车动力性检验

汽车动力性是指汽车在行驶中能达到的最高车速、最大加速能力和最大爬坡能力。本章描述的主要是在底盘测功机上，按 GB 18565—2016《道路运输车辆综合性能要求和检验方法》标准要求进行动力性达标法检测，以评价汽车动力性的原理和方法。

汽车底盘测功机依据的相关标准主要是：GB/T 18276—2017《汽车动力性台架试验方法和评价指标》，JT/T 445—2008《汽车底盘测功机》，JJG 653—2003《测功装置检定规程》。如要进行工况法排放测量，则应执行 GB 18285—2018《汽油车污染物排放限值及测量方法（双怠速法及简易工况法）》、GB 3847—2018《柴油车污染物排放限值及测量方法（自由加速法及加载减速法）》等相关标准。

10.1 底盘测功机结构和基本功能

10.1.1 底盘测功机结构

底盘测功机的结构见图 10-1 ~ 图 10-3。

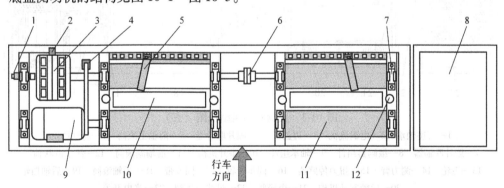

图 10-1 底盘测功机结构图（一）

1—测速传感器 2—扭力传感器 3—功率吸收装置（电涡流测功机） 4—反拖传感器 5—手动挡轮
6—联轴器 7—滚筒轴承 8—飞轮组 9—反拖电动机 10—举升器 11—滚筒 12—轮胎挡轮

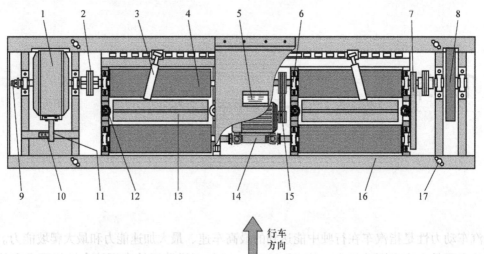

图 10-2 底盘测功机结构图（二）

1—功率吸收装置（电涡流机） 2—联轴器 3—手动挡轮 4—滚筒 5—产品铭牌及中间盖板 6—滚筒轴承 7—同步带及同步带轮 8—飞轮 9—速度传感器 10—扭力传感器 11—力臂 12—轮胎挡轮 13—气囊举升器 14—万向联轴器 15—反拖电动机及传动带 16—框架 17—起重吊环

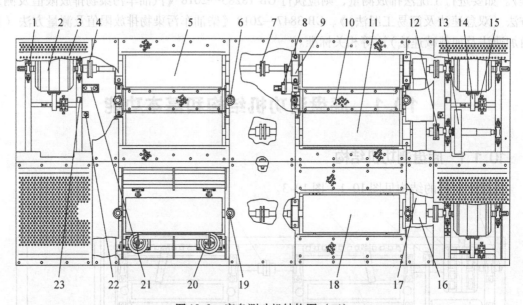

图 10-3 底盘测功机结构图（三）

1—带座轴承 2—电涡流机 3—边盖板 4—膜片联轴器 5—前轴主滚筒 6—前轴挡轮 7—膜片联轴器 8—编码器组件 9—轴承组件 10—举升机构 11—前轴副滚筒 12—滚子链联轴器 13—飞轮 14—测力臂 15—扭力传感器 16—同步带轮 17—同步带 18—后轴滚筒 19—后轴挡轮 20—后轴制动机构 21—电磁阀 22—过滤减压阀 23—光电开关

测功机部件说明：

① 测速传感器：测量滚筒的转速。

② 扭力传感器：测量驱动扭力。

③ 功率吸收装置：功率吸收装置用于模拟汽车在运行过程中所受的空气阻力、滚动阻力及爬坡阻力等。

④ 反拖传感器：测量电动机反拖形成的扭力。

⑤ 自动（或手动）挡轮：用于前驱车测量时的前轮左右限位，防止检测时车头偏摆。

⑥ 联轴器：使左右两组滚筒转速一致以抵消汽车差速器的差速作用。

⑦ 滚筒轴承：用以支撑滚筒。

⑧ 飞轮组：汽车加速、滑行时的惯性力用飞轮及滚筒等旋转件的转动惯量模拟。

⑨ 反拖电动机：反拖电动机及其固定在定子上的反拖测力传感器用于测量台架空转阻力、车轮滚动阻力、汽车底盘传动系统阻力。

⑩ 举升器：举升器便于车辆在台架上驶入、驶出。

⑪ 滚筒：用滚筒组模拟活动路面。

⑫ 轮胎挡轮：限制轮胎的横向移动。

10.1.2　底盘测功机的基本功能

底盘测功机是一种不解体检验汽车动力性能的试验设备，利用功率吸收装置模拟汽车在实际行驶时所受的空气阻力、滚动阻力及底盘传动阻力等，测定汽车的动力性能以及检测汽车的技术状况，诊断汽车故障。一般具有以下功能。

1. 车辆底盘输出功率检测

可按额定转矩工况、额定功率工况，或自定义工况进行功率检测，并可进行驱动轮输出功率试验，绘制驱动轮输出功率曲线。

2. 加速、滑行性能检测

按系统设定的测试范围测量汽车的加速时间和滑行距离。

3. 速度表、里程表检测

按系统设定的测试点进行车速表误差与里程表误差校验。

4. 反拖阻力测试

在测功机上加装由变频器、电动机、测力传感器系统和同步带组成的反拖装置，可实现规定的反拖阻力测试要求，在 0～100km/h 范围内，对测功机台架空转阻力、汽车车轮滚动阻力、汽车底盘传动系阻力进行测量和效率计算。

在工况法尾气排放检测用底盘测功机上，反拖装置不加测力传感器，且反拖电动机功率较小，只用于测功机内部损耗阻力的标定。

5. 燃油经济性试验

将油耗仪联网后，在驾驶人的配合下（控制到预设速度），系统根据预设模拟路面行驶需加载阻力的大小，控制电涡流测功器进行阻力模拟加载，控制稳定后由油耗仪测取百公里油耗。

6. 尾气工况法试验

增配相应设备及控制系统，可在测功机上进行汽车稳态工况法（ASM）测量、简易瞬态工况法（VMAS）测量、加载减速工况法测量。检测方法及评价标准按 GB 18285—2018《汽油车污染物排放限值及测量方法》、GB 3847—2018《柴油车污染物排放限值及测量方法》规定执行。

10.2 底盘测功机的检验原理

被测汽车的驱动轮先停在举升器上,举升器下降后车轮落在滚筒之间,驱动轮带动滚筒转动,滚筒相当于活动路面,使汽车产生相对行驶,测功机用功率吸收装置模拟汽车在运行过程中的阻力,汽车加速、滑行时的惯性力利用离合机构与滚筒连接的飞轮组的转动惯量进行模拟。检测过程中,驱动轮的转速由安装在滚筒轴上的测速传感器测量;驱动轮的输出力矩(或功率)由安装在功率吸收装置定子上的测力传感器测量;测试车轮滚动阻力时由安装在反拖电动机定子上的反拖测力传感器测量。控制系统按照检测方法的要求,根据测力和测速传感器反馈的信息,通过调整功率吸收装置控制电流的大小,来调节功率吸收装置的吸收功率,实现多种运行工况的阻力模拟。

1. 功率测量

在平坦路面上行驶的汽车,发动机输出的有效功率在克服了汽车底盘传动系阻力后输出到驱动轮,驱动轮输出功率用以克服车辆路面行驶时的车轮滚动阻力、惯性阻力和迎风阻力;测功机利用滚筒代替路面,驱动轮上的相应负载用电涡流测功器来模拟,惯性阻力用飞轮进行模拟。汽车的车速 v、驱动力 F 与驱动轮输出功率 P 的关系可用式(10-1)表示

$$P = \frac{Fv}{3\,600} \tag{10-1}$$

式中 P——输出功率(kW);
F——驱动力(N);
v——车速(km/h)。

从式(10-1)可见,只要同时测出 F 和 v 即可计算出功率 P。

2. 速度测量

汽车车轮驱动主滚筒转动时,滚筒轴上的速度传感器将滚筒的转速变换成相应频率的脉冲,根据输出脉冲频率计算汽车的速度。

3. 驱动力测量

当汽车车轮驱动滚筒转动时,带动电涡流测功器转子(感应子)转动,感应子被拖动旋转时出现电涡流,该电涡流与它产生的磁场相作用,从而产生反向制动力矩,该力矩作用到测力传感器上,使传感器受拉产生电信号,该信号的大小与车轮驱动力成正比,经处理后可显示出汽车车轮驱动力。控制定子励磁电流大小,可改变测功器吸收功率和制动力矩的大小,以实现汽车不同工况下的测量。

4. 道路试验与台架试验阻力条件比较

1)在平坦路面上进行的道路试验中,发动机输出的有效功率用于克服汽车底盘传动系统阻力($F_传$)后输出到驱动轮,驱动轮输出功率用以克服车辆路面行驶时的车轮滚动阻力($F_滚$)、惯性阻力($F_惯$)(在匀速运动时,$F_惯=0$),以及迎风阻力($F_风$),可用式(10-2)表示

$$F_路 = F_传 + F_滚 + F_惯 + F_风 \tag{10-2}$$

式中 $F_路$——可用路试滑行能量法试验获得。

2）在台架试验中，发动机输出的有效功率用于克服汽车底盘传动系统阻力（$F_{传}$）后输出到驱动轮，驱动轮输出功率用以克服驱动轮与滚筒间的滚动阻力（$F'_{滚}$）、惯性阻力（$F'_{惯}$）（在匀速运动时 $F'_{惯}=0$）以及测功机台架内部阻力（$F_{内}$），可用式（10-3）表示

$$F_{台}=F_{传}+F'_{滚}+F'_{惯}+F_{内} \tag{10-3}$$

式中　$F_{台}$——可用台试滑行能量法试验获得，或用反拖装置测得 $F_{传}$、$F'_{滚}$、$F_{内}$ 后计算得到。

3）等速运动时测功台架模拟路试阻力条件分析。车辆在台架上进入等速运动时，进行测量的过程中（测功、油耗、ASM 尾气排放等），路试与台试时 $F_{惯}=F'_{惯}=0$，则由式（10-2）和式（10-3）可得

$$\Delta F=F_{路}-F_{台}=F_{滚}-F'_{滚}+F_{风}-F_{内} \tag{10-4}$$

台试时，通过调整控制电涡流机线圈的励磁电流大小，来进行 ΔF 阻力加载模拟，使台试阻力等于路试阻力。

4）变速运动时测功台架模拟路试惯性阻力条件分析。

① 车辆在台架上进行变速运动测量的过程中（加速时间、滑行距离），在测功机上通过飞轮模拟路试惯性阻力：使 $F'_{惯}=F_{惯}$。

② 路试时行车速度 v 下的动能为　　　$E=\dfrac{mv^2}{2}$ （10-5）

式（10-5）中忽略了汽车车轮及其传动系统其他旋转件惯量的作用。

③ 台试时行车速度 v 下的动能为

$$\dfrac{J\omega^2}{2}=\dfrac{J(2\pi f)^2}{2}=\dfrac{J[2\pi v/(2\pi R)]^2}{2}$$

$$=\dfrac{J}{R^2}\dfrac{v^2}{2}=\dfrac{Kv^2}{2} \quad \left(设 K=\dfrac{J}{R^2}\right) \tag{10-6}$$

式中　v——车轮表面线速度（m/s）；

　　　J——测功台架、车轮、底盘传动系统各旋转部件的转动惯量（kg·m²）；

　　　ω——角速度（rad/s）；

　　　R——滚筒半径（m）；

　　　K——当量惯量（kg·m²）。

④ 令车轮表面线速度为 v 时，路试与台试动能相等，则由式（10-5）和式（10-6）应使

$$K=m=J/R^2$$

⑤ 如测功机传动部件 $K=900$kg；另可挂接不同 K 值的惯性飞轮，用以组合模拟不同质量的汽车路试惯量，常见的有 1000kg、2000kg 飞轮。但通过机械飞轮组合无法连续模拟不同质量汽车的惯量，模拟误差过大。

⑥ 变速运动时还应注意模拟其他阻力条件（如风阻、滚动阻力等），实际应用中较困难。

5. 滑行能量试验法

1）在道路上试验步骤：将车辆加速到比选定试验车速（v）高出 10km/h 的车速。

① 将变速杆置于"空档"位置，测量车辆从 $v_2=v+\Delta v$ 减速至 $v_1=v-\Delta v$ 所需时间 t_1。

$\Delta v \leqslant 5 \mathrm{km/h}$。

在相反方向进行同样试验,测量时间 t_2。

取时间 t_1 和 t_2 的平均数 T_i。

重复上述试验数次,使平均值的统计精度 $P \leqslant 2\%$。

② 按式(10-7)计算功率

$$P = \frac{Mv\Delta v}{500T} \tag{10-7}$$

按式(10-8)计算路面阻力

$$F_{路} = \frac{P}{v} \times 1000 \tag{10-8}$$

式中 P——功率(kW);

v——选定的试验车速(m/s);

T——时间(s);

Δv——与车速 v 的速度偏差(m/s);

M——基准质量(kg)。

2)在底盘测功机上试验步骤:将车辆放置在底盘测功机上。按底盘测功机的要求调整驱动轮的轮胎气压(冷态)。调整底盘测功机的当量惯量。用合适的方法使车辆和底盘测功机达到运转的正常温度及热状态。将变速杆置于空档位置,测量车辆从 $v_2 = v + \Delta v$ 减速至 $v_1 = v - \Delta v$ 所需的时间 t_1, $\Delta v \leqslant 5 \mathrm{km/h}$。可再次进行同样试验,测量时间 t_2;取时间 t_1 和 t_2 的平均值 T_i。按式(10-9)计算功率

$$P = \frac{Jv\Delta v}{500T_i} \tag{10-9}$$

3)注意事项:在测功机上测取 P 时,规定的测功机试验方法中转动惯量 J 应为测功机转动惯量与汽车车轮及底盘传动系统转动惯量之和,用路面试验测取 P 时,对综合性能检测站的在用车检测可操作性差。

10.3 检验方法

动力性

1. 设备要求

1)应采用符合 JT/T 445—2008《汽车底盘测功机》要求的底盘测功机进行检验。并装双驱动轴车辆的检验采用三轴六滚筒式底盘测功机。

2)底盘测功机应能根据环境温度、湿度、气压等参数计算功率校正系数,且能根据登录车辆参数和信息,计算测功机的加载力并进行恒力加载。

3)底盘测功机的静态力示值误差为 ±1.0%,恒力控制误差为 ±20N,车速示值误差为 ±0.2km/h 或 ±1.0%。

4)底盘测功机应能显示功率吸收装置的瞬时加载力和曲线以及瞬时车速和曲线,并能

通过外部显示设备提示操作。

5）已知底盘测功机台架转动件的基本惯性质量。

6）滚筒上母线应保持水平，各滚筒两端点间的高度差应不大于±5mm。

2. 检验准备

1）底盘测功机电气系统应预热。

2）采用反拖电动机或车辆驱动滚筒预热台架转动部件，直至底盘测功机滑行时间趋于稳定。

3）登录被检车辆的以下参数信息，对于检验机构数据库或车辆行驶证无法提供的参数，应从车辆登记证、产品说明书、发动机铭牌等处查取：

① 压燃式发动机额定功率（当发动机功率参数仅以最大净功率表征时，额定功率取1.11倍的净功率），单位为kW；

② 点燃式发动机额定转矩，单位为N·m；额定转矩转速，单位为r/min；

③ 驱动轴空载质量，单位为kg。

4）预热发动机、传动系达到正常工作的温度状况。

5）被检车辆空载，轮胎表面干燥、清洁无油污，驱动轴轮胎的花纹深度不小于1.6mm，轮胎花纹内和并装轮胎间无异物嵌入，轮胎气压符合规定。

6）关闭空调系统等汽车运行非必需的耗能装置。

7）对于并装双驱动轴车辆，应使桥间差速器不起作用。

8）两用或双燃料车辆取发动机燃油额定功率（或额定转矩），油电（或气电）混合动力车辆取发动机燃油（或燃气）额定功率（或额定转矩），燃气车辆取发动机燃气额定功率（或额定转矩），纯电动汽车的动力性不做评价。

3. 压燃式发动机车辆的动力性检验

（1）检验步骤

① 被检车辆驱动轮置于底盘测功机滚筒上，根据车型调整侧移限位和系留装置，在非驱动轮加装停车楔。

② 底盘测功机设置为恒力控制方式，力、速度等参数示值调零。

③ 底盘测功机不加载的条件下，起动被检车辆，逐步加速，选择直接档测取全油门的最高稳定车速，并按式（10-10）计算额定功率车速。当最高稳定车速大于95km/h（对于危险货物运输车辆，其最高稳定车速大于80km/h）时，应降低一个档位，并重新测取最高稳定车速。

$$v_e = 0.86 v_a \tag{10-10}$$

式中 v_e——额定功率车速（km/h）；

v_a——全油门所挂档位的最高稳定车速（km/h）。

④ 底盘测功机逐步进行恒力加载至F_E±20N范围内并稳定3s后，开始测取车速，当3s内的车速波动不超过±0.5km/h时，该车速即为驱动轮轮边稳定车速v_w，检测结束。

注意：液化燃气车辆按压燃式发动机动力性检测方法。

（2）计算加载力

① 检测环境下的功率吸收装置加载力，按式（10-11）计算

$$F_E = F_e - F_{tc} - F_c - F_f - F_t \tag{10-11}$$

式中 F_E——检测环境下功率吸收装置在滚筒表面上的加载力（N）；
F_e——v_e车速点，检测环境下发动机达标功率换算在驱动轮上的驱动力（N）；
F_{tc}——底盘测功机内阻（N）；
F_c——轮胎滚动阻力（N）；
F_f——v_e车速点，发动机附件消耗功率换算在驱动轮上的阻力（N）；
F_t——车辆传动系允许阻力（N）。

② 按式（10-12）计算 F_e

$$F_e = \frac{3600\eta P_e}{\alpha_d v_e} \tag{10-12}$$

式中 P_e——发动机额定功率，kW；
η——功率比值系数，动力性达标检验时，$\eta = 0.75$；
α_d——压燃式发动机功率校正系数，发动机因子 f_m 取 0.3。

③ F_{tc}按表 10-1 取值，或采用反拖法定期测量测功机台架在 80 km/h 时的内部阻力。

表 10-1 台架内部阻力 F_{tc} 推荐值

车辆类型	内部阻力	
	二轴四滚筒式台架内部阻力 F_{tc}/N	三轴六滚筒式台架内部阻力 F_{tc}/N
压燃式发动机车辆的动力性检验	130	160
点燃式发动机车辆的动力性检验	110	140

④ 按式（10-13）计算 F_c

$$F_c = f_c G_R g \tag{10-13}$$

式中 f_c——台架滚动阻力系数，v_e 大于或等于 70km/h 时，f_c 取 $2f$；v_e 小于 70km/h 时，f_c 取 $1.5f$，f 是汽车在水平硬路面上行驶时的滚动阻力系数，子午线轮胎取 0.006，斜交轮胎取 0.010；
G_R——驱动轴空载质量，kg；
g——重力加速度，$g = 9.81\text{m/s}^2$。

⑤ 按式（10-14）计算 F_f

$$F_f = \frac{3600 f_p P_e}{v_e} \tag{10-14}$$

式中 f_p——v_e 车速点，发动机附件消耗功率系数，当发动机铭牌（或说明书）功率参数以额定功率表征时，f_p 取 0.1；以车辆铭牌最大净功率表征时，f_p 取 0。

⑥ 按式（10-15）计算 F_t：

$$F_t = 0.18 \times (F_e - F_f) \tag{10-15}$$

（3）存储数据
存储以下被检车辆相关参数及中间数据：η、P_e、v_e、v_w、F_e、F_E、F_{tc}、F_c、F_f、F_t、α_d 以及环境温度、相对湿度、大气压力。

4. 点燃式发动机车辆的动力性检验

（1）检验步骤

① 被检车辆驱动轮置于底盘测功机滚筒上，根据车型调整侧移限位和系留装置，在非驱动轮加装停车楔。

② 底盘测功机设置为恒力控制方式，力、速度等参数示值调零。

③ 底盘测功机不加载的条件下，起动被检车辆，逐步加速，选择变速器第 3 档，采用加速踏板控制车速，当外接转速表（外接转速表无法稳定测取转速时，可观察发动机转速表）的转速稳定指向发动机额定转矩转速 n_m 时，测取当前驱动轮轮边线速度，记为额定转矩车速 v_m。当额定转矩车速 v_m 大于 80km/h 时，应降低 1 个档位，重新测取额定转矩车速 v_m。

注意：当额定转矩转速为 $n_{m1} \sim n_{m2}$ 时，n_m 取其均值。当 n_m 大于 4000r/min 时，按 n_m = 4000r/min 测取 v_m。

④ 踩下加速踏板使车速超过 v_m，底盘测功机逐步进行恒力加载至 $F_M \pm 20N$ 范围内并稳定 3s 后，开始测取车速，当 3s 内的车速波动不超过 ±0.5km/h 时，该车速即为驱动轮轮边稳定车速 v_w，检测结束。

注意：压缩燃气车辆按点燃式发动机动力性检测方法。

（2）计算加载力

① 检测环境下的功率吸收装置加载力，按式（10-16）计算

$$F_M = F_m - F_{tc} - F_c - F_f - F_t \tag{10-16}$$

式中　F_M——检测环境下功率吸收装置在滚筒表面上的加载力（N）；

　　　F_m——v_m 车速点，检测环境下发动机达标转矩换算在驱动轮上的驱动力（N）；

　　　F_f——v_m 车速点，发动机附件消耗转矩换算在驱动轮上的阻力（N）。

② 按式（10-17）计算 F_m

$$F_m = \frac{0.377\eta M_m n_m}{\alpha_a v_m} \tag{10-17}$$

式中　M_m——发动机额定转矩（N·m）；

　　　α_a——点燃式发动机功率校正系数。

③ F_{tc} 按表 10-1 取值，或采用反拖法定期测量测功机台架在 50km/h 时的内部阻力。

④ 按式（10-13）计算 F_c。其中，v_m 大于或等于 70km/h 时，f_c 取 $2f$；v_m 小于 70km/h 时，f_c 取 $1.5f$。f 取值：子午线轮胎取 0.006，斜交轮胎取 0.010；

⑤ 按式（10-18）计算 F_f

$$F_f = \frac{0.377 f_m M_m n_m}{v_m} \tag{10-18}$$

式中　f_m——v_m 车速点，发动机附件消耗转矩系数，f_m 取 0.06。

⑥ 按式（10-19）计算 F_t

$$F_t = 0.18 \times (F_m - F_f) \tag{10-19}$$

（3）存储数据

存储以下被检车辆相关参数及中间数据：η、M_m、v_m、v_w、n_m、F_m、F_M、F_{tc}、F_c、F_f、F_t、α_a 以及环境温度、相对湿度、大气压力。

10.4 底盘测功机计量检定

依据 JJG 653—2003《测功装置》，检定项目及指标要求如下。

10.4.1 计量性能要求

1）回零误差的要求（见表10-2）。
2）转矩示值相对分辨力的要求（见表10-2）。
3）滚筒机构：滚筒机构应符合表10-3的要求。
4）在规定的范围内，接触式测功装置的级别与相应的技术指标应符合表10-3的要求。

表10-2 非接触式测功装置的计量性能

项目		级别 A	B	C
回零误差	模拟指示装置	不超过±0.2个分度值		
	数字指示装置	不超过±1个字		
	转矩示值相对分辨力	不大于转矩测量下限允许误差的1/2		
	相对灵敏阈 S（%FS）	0.1	0.25	0.5
转矩	示值误差 W_F（%FS）	±0.2	±0.5	±1.0
	示值重复性 R_V（%FS）	0.2	0.5	1.0
	示值进回程差 H_F（%FS）	±0.2	±0.5	±1.0
转速	示值误差 δ_F（%FS）	±0.1	±0.2	±0.5
	示值重复性 b_F（%FS）	0.1	0.2	0.5

表10-3 接触式测功装置的计量性能

项目		级别 A	B
滚筒机构	主滚筒直径的磨损量	不超过其标称直径的1%	
	主滚筒工作段的径向圆跳动量	不超过其标称直径的0.3%	
	每组主、副滚筒内侧母线的平行度	不超过1mm/m	
转矩	示值误差 W_J	±3.5%	±7.0%① ±3.5%FS
	示值重复性 R_J	3.5%	7.0%① 3.5%FS
	示值进回程差 H_J	3.5%	7.0%① 3.5%FS
转速	示值误差 δ_J	±1.0%	

① 当测量值小于被检装置的20%FS时。

10.4.2 通用技术要求

1. 外观及一般要求

1）测功装置应有铭牌和标志。铭牌上应标明测功装置的名称、型号、规格、准确度级别、制造厂名、出厂编号、出厂日期等，国产的测功装置应有制造计量器具许可证标志和编号。

2）测功装置应按使用说明书要求水平安装在稳固的基础上。

3）测功装置各部件的连接应牢固可靠，各密封面的结合处不允许有渗水、渗油现象。

2. 性能要求

1）测功装置中转矩测量系统的运转应稳定，无论采用哪种制动器测量转矩，其冷却系统和连接系统均不得产生附加转矩。

2）测功装置的控制系统应保证准确可靠，调整系统应灵活方便，超速保护、过载保护等装置应安全可靠。

3）平衡支承应能保证制动器的定子灵活地绕转子轴中心线摆动。在空负荷时定子应处于平衡状态，此时，转矩和转速指示装置应指示零。

4）测功装置在检定前，在50%额定转速下空运转 3~5min 后，其各部件均处于正常工作状态。

5）指示装置应满足表 10-4 的要求。

表 10-4　指示装置的技术要求

项目名称		要求内容
模拟指示装置	标尺	标度标记、示值指示应清晰、明确和易读
	调零功能	指针应能调零
	指针	指针不应松动和弯曲，指针与度盘表面应平行，转动应平稳，无冲击、停滞等不正常现象
数显指示装置	显示器	示值显示应清晰、明确和易读，无缺笔画现象
	调零功能	显示器的显示值应能调零
	符号	装置应当指示出被测量值的正负号

10.4.3　计量器具控制

计量器具控制包括测功装置的首次检定、后续检定和使用中检验。

1. 测功装置检定项目

检定项目见表 10-5。

表 10-5　检定项目一览表（接触式）

	检定项目	首次检定	后续检定	使用中检验
接触式	外观和性能	+	+	-
	回零误差	+	+	-
	转矩示值相对分辨力	+	-	-
	滚筒机构	+	+	-
	转矩	+	+	+
	转速	+	+	+

注："+"为应检项目，"-"为可不检项目。

2. 检定条件

1）环境条件：

① 温度：接触式测功装置：(20±20)℃。

② 相对湿度：不大于85%。

③ 周围留有一定的空间，工作环境应清洁，无影响检定结果的污染、振动、电磁干扰和腐蚀性气体。

2) 检定用标准器具和其他设备应符合表10-6的要求。

表10-6 检定用标准器具和检定仪器一览表

检定用仪器名称	接触式	备注
游标卡尺	不小于500mm，分辨力为0.65mm，允差为±0.2mm	选用
刀口尺	500mm Ⅰ级	选用
塞尺	0.1～1mm Ⅱ级	选用
百分表	0～10mm Ⅰ级	必备
钢卷尺	0～5m Ⅰ级	必备
力值砝码	±0.05%	必备
标准测力仪	0.3级	选用
专用杠杆	±0.2%	可选用生产厂商的校验杠杆
转速表（或频率计数器）	其允差应不大于被检转速装置允差的1/3	必备
秒表	分度值为0.01s	必备

3. 检定方法

(1) 外观和性能

按10.4.2小节中的要求进行外观和性能检查，符合要求后再进行其他项目的检定。

(2) 转矩示值相对分辨力

转矩示值相对分辨力α按式(10-20)计算，应符合10.4.1小节和10.4.2小节中的要求。

$$\alpha = \frac{r}{T_M} \times 100\% \tag{10-20}$$

式中 r——显示装置能有效辨别的最小的示值变动量（N·m）；

T_M——转矩的测量下限值（N·m）。

注意：对于数字显示装置，r就是当示值变化一个末位有效数字时，其示值的变化。

(3) 滚筒机构

1) 在主滚筒的圆周截面上不少于6处，用专用的游标卡尺测量出其直径。滚筒标称直径与所测量的直径的最小值之差除以标称直径就是磨损量，或用刀口尺在主滚筒的母线上不少于6处，用塞尺直接测量，同样方法算出其磨损量，应符合表10-3要求。

2) 用固定在基座上的百分表，分别在主滚筒均匀分布的5个圆周截面上测量主滚筒的径向圆跳动量，均应符合表10-3要求。

(4) 滚筒内侧母线平行度的检定

如图10-4所示，用百分表分别在滚筒轴向两端测定主、副滚筒内侧母线的平行度，测得的最大和最小之差应符合表10-5要求。

(5) 转矩

1）在检定前，安装好专用杠杆，使测功装置处于平衡状态。衡量其是否处于平衡状态的方式是：使专用杠杆与锁紧机构脱开后，在制动器轴线两侧（平衡重块或力臂杠杆上）分别施加不大于 1 个分度值（d）的力矩，使其定子均能向施加力矩的方向自由地摆动。

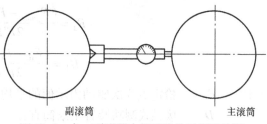

图 10-4 主、副滚筒内侧母线的平行度检测

2）测功装置的指示装置调零，施加转矩至上限值后卸除转矩，检查其指示装置的回零情况，并重新调零。

3）在规定的测量范围内，对首次检定或后续检定的测功装置检定点不少于 8 个点，对使用中检定的测功装置检定点不少于 5 个点，各点应大致均匀分布。然后，按检定点逐级施加转矩至上限值，再逐级卸除转矩，分别读取进程和回程过程中的转矩示值。此过程重复至少 3 次。

4）测功装置显示为转矩时的计算公式如下：

A 级接触式测功装置每一个检定点的转矩示值误差 W_J、示值重复性 R_J 和示值进回程差 H_J，分别按式（10-21）、式（10-22）和式（10-23）计算

$$W_J = \left(\frac{\overline{M}}{FL} - 1\right) \times 100\% \qquad (10\text{-}21)$$

$$R_J = \frac{T_{\max} - T_{\min}}{F'L} \times 100\% \qquad (10\text{-}22)$$

$$H_J = \frac{\overline{T_2} - \overline{T_1}}{F'L} \times 100\% \qquad (10\text{-}23)$$

式中 $\overline{M}$——检定点的 3 次转矩示值的平均值（N·m）；

F'——检定点力值砝码的重力值 N。

B 级接触式测功装置的转矩示值误差 W_J、示值重复性 R_J 和示值进回程差 H_J，分别按式（10-24）、式（10-25）和式（10-26）计算，请注意正、负号

$$W_F = \frac{\overline{T_1} - M}{T_u} \times 100\% \text{ FS} \qquad (10\text{-}24)$$

$$R_F = \frac{T_{\max} - T_{\min}}{T_u} \times 100\% \text{ FS} \qquad (10\text{-}25)$$

$$H_F = \frac{\overline{T_2} - \overline{T_1}}{T_u} \times 100\% \text{ FS} \qquad (10\text{-}26)$$

式中 $\overline{T_1}$——进程中 3 次转矩示值的算术平均值（N·m）；

$\overline{T_2}$——回程中 3 次转矩示值的算术平均值（N·m）；

$T_{\max}$、$T_{\min}$——进程中 3 次转矩示值的最大值和最小值（N·m）；

5）测功装置显示为驱动力时的计算公式如下：

A 级接触式测功装置每一个检定点的转矩示值误差 W_J、示值重复性 R_J 和示值进回程差 H_J，分别按式（10-27）、式（10-28）和式（10-29）计算

$$W_J = \left(\frac{\overline{F_i}D}{2F'L} - 1\right) \times 100\% \qquad (10\text{-}27)$$

$$R_J = \frac{(F_{ij\max} - F_{ij\min})D}{2F'L} \times 100\% \tag{10-28}$$

$$H_J = \frac{(\overline{F}_{ik} - \overline{F}_{ij}) \times D}{2F'L} \times 100\% \tag{10-29}$$

式中　$\overline{F}_i$——检定点3次驱动力示值的平均值（N）；

　　　D——接触式测功装置主滚筒直径（m）；

　　　$\overline{F}_{ij}$——进程中3次驱动力示值的算术平均值（N）；

　　　$\overline{F}_{ik}$——回程中3次驱动力示值的算术平均值（N）；

$F_{ij\max}$、$F_{ij\min}$——进程中指示装置3次驱动力示值的最大值和最小值（N）。

B级接触式测功装置的转矩示值误差 W_J、示值重复性 R_J 和示值进回程差 H_J，分别按式（10-30）、式（10-31）和式（10-32）计算

$$W_J = \frac{\overline{F}_i D - 2F'L}{2T_u} \times 100\%\, \text{FS} \tag{10-30}$$

$$R_J = \frac{(F_{ij\max} - F_{ij\min})D}{2T_u} \times 100\%\, \text{FS} \tag{10-31}$$

$$H_J = \frac{(\overline{F}_{ik} - \overline{F}_{ij})D}{2T_u} \times 100\%\, \text{FS} \tag{10-32}$$

检定结果均应符合表10-5的要求。

（6）转速

接触式测功装置的转速装置在首次检定、后续检定和使用中检验时，采用的是将汽车驶上滚筒机构，通过汽车驱动轮驱动滚筒或起动恒速装置，逐步加速至各测量点。测量点一般选取10km/h、30km/h、40km/h（或相应转速），同时读取测功装置上转速示值与标准转速表测得的转速值，测量至少3次以上。

1）测功装置显示转速值时的计算公式如下：

每一个检定点的转速示值误差 δ_J 按式（10-33）计算

$$\delta_J = \left(\frac{n - n_0}{n_0}\right) \times 100\% \tag{10-33}$$

式中　n——检定点的转速示值（r/min）；

　　　n_0——标准转速表测得的滚筒实际转速（r/min）。

2）测功装置显示速度值时的计算公式如下：

每一检定点的速度示值误差 δ_J 按式（10-34）计算

$$\delta_J = \left(\frac{10^3 v}{60\pi D n_0} - 1\right) \times 100\% \tag{10-34}$$

式中　v——检定点的速度示值（km/h）。

3）对于带有模拟装置的接触式测功装置，允许用模拟速度设定替代汽车的动态测量。用模拟信号检定时，测量点应增加测量上限值，每一个检定点的速度示值误差 δ_J 按式（10-35）计算

$$\delta_J = \left(\frac{v - v_0}{v_0}\right) \times 100\% \tag{10-35}$$

式中　v_0——检定点的模拟速度设定值（km/h）。

检定结果均应符合表 10-5 的要求。

10.4.4　检定结果的处理

按本规程要求检定合格的测功装置发给检定证书，检定不合格的测功装置发给检定结果通知书，并注明不合格项目。

10.4.5　检定周期

测功装置的检定周期一般不超过 1 年。

第11章 汽车悬架装置检验

GB 18565—2016《道路车辆综合性能要求和检验方法》规定设计车速不小于100km/h，轴质量不大于1500kg的载客汽车，需要检验悬架吸收率。

悬架装置是汽车的一个重要总成，它是将车身和车轴弹性连接的部件。汽车悬架装置通常有弹性元件，导向装置和减振器三部分组成。其主要功能是：缓和有路面不平引起的振动和冲击，以保证汽车具有良好的平顺性；迅速衰减车身和车桥的振动；传递作用在车轮和车身之间的各种力和力矩；保证汽车行驶时必要的安全性和操纵稳定性。

汽车悬架装置最易发生故障的元件是减振器。有故障的减振器在行驶中会使车轮轮胎有30%的路程接地力减小，甚至不与地面接触。其不良后果是：汽车方向"发飘"，特别是曲线行驶时难以控制；制动易跑偏或侧滑；车身长时间的余振影响乘坐舒适性；造成车轮轴承、轴接头、转向拉杆、稳定器等部件过载。

在用汽车悬架装置的检验主要是测试减振器性能，因为减振器和与之相连接的弹性元件等构成了复杂的系统，在评价减振器性能的同时，也就对悬架装置的性能给出了综合的评价。汽车悬架装置主要是用悬架装置检测台检验。

11.1 汽车悬架装置检测台及检验方法

11.1.1 汽车悬架装置检测台结构与工作原理

目前的悬架装置检测台，根据其结构形式可分为跌落式和谐振式两类。

跌落式悬架装置检测台测试开始时，先通过举升装置将汽车升起一定高度，然后突然松开支撑机构，车辆自由振动，可用测量装置测量车辆振幅，或者用压力传感器测量车轮对台面的冲击力，对压力波形进行分析，以此评价汽车悬架装置的性能。

谐振式悬架装置检测台结构原理图见图11-1，检测台通过电动机、偏心轮、储能飞轮、弹簧组成的激振器，迫使汽车悬架装置产生振动，在开机数秒后断开电动机电源，从而电储能飞轮产生扫频激振。由于电动机的频率比车轮固有频率高，因此，飞轮逐渐减速的扫频激振过程总可以扫到车轮固有频率处，从而使台面与汽车系统产生共振。测量此振动频率、振幅、输出振动波形曲线，以系统处理评价汽车悬架装置性能。图11-2所示为谐振式悬架检测台结构图。

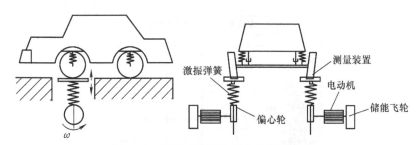

图 11-1 谐振式悬架检测台结构原理图

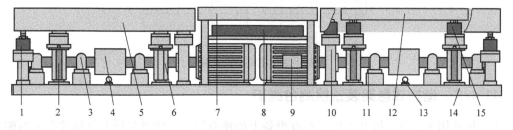

图 11-2 谐振式悬架检测台结构

1—外框外侧称重传感器 2—回位弹簧 3—轴承座 4—储能飞轮 5—外框称重台面 6—导向套
7—中间盖板 8—电气控制箱 9—电动机 10—台面支撑 11—偏心轴 12—悬架检测台面 13—吊环
14—台架底座 15—悬架检测传感器

11.1.2 悬架性能检验方法

1. 设备要求

采用悬架检测台检验。

2. 检验准备

1）轮胎气压符合规定。
2）检验悬架特性时，驾驶人应离车。
3）悬架检测台电气系统应预热。

3. 检验方法

1）将被检车辆各轴车轮依次驶上悬架装置检测台，并使轮胎位于检测台面的中央位置，测量左、右轮的静态轮荷。
2）分别起动悬架检测台的左、右电动机，使汽车悬架产生振动，增加振动频率并超过振动的共振频率。
3）当振动频率超过共振点后，将电动机关断，振动频率衰减并通过共振点。
4）记录衰减振动曲线，测量共振时的最小动态轮荷，计算并读取最小动态轮荷与静态轮荷的百分比以及同轴左、右轮百分比的差值（图 11-3）。

注意：衰减振动曲线的纵坐标为动态轮荷，横坐标为时间。

4. 检测标准

GB 18565—2016 规定，设计车速不小于 100km/h，轴质量不大于 1500kg 的载客汽车，其轮胎在激励振动条件下测得的悬架吸收率应不小于 40%，同轴左、右轮悬架吸收率之差不得大于 15%。

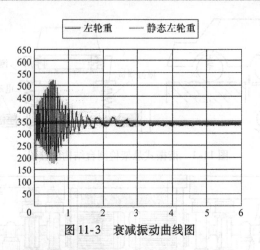

图 11-3 衰减振动曲线图

11.1.3 谐振式悬架装置检测台维护

1）每使用 3 个月，拆开面板，检查设备上的所有螺栓、螺母包括电气接线端子的螺栓，查看是否有松动现象并加固。

2）使用 6 个月，除进行第 1 项的工作外，还应对台架内各部位进行清洁，同时检查线路固定是否牢固；对轴承座进行润滑。

3）应按国标进行定期检定（两次检定最长间隔不得超过 12 个月）。

11.2 汽车悬架装置检测台计量校准

依据 JJF 1192—2008《汽车悬架装置检测台校准规范》校准规范如下。

1. 计量特性

（1）承载轮质量

① 分度值 d：不大于 1kg。

② 空载变动性：不超过 2kg。

③ 最大允许误差：±3kg 或 ±2%。

④ 示值重复性：不超过 3kg 或 2%。

⑤ 左右台示值间差：不超过 3kg 或 2%。

⑥ 漂移：10min 内不超过 3kg。

⑦ 鉴别力：不大于 1.5d（d 为分度值）。

（2）吸收率

① 吸收率重复性：不超过 3%[⊖]。

② 吸收率偏置误差：不超过 3%[⊖]。

③ 左右台吸收率偏差：车辆正、反向安置进行检测，同一车轮的吸收率偏差不超过 5%[⊖]。

⊖ 此处是指吸收率的绝对量。

(3) 起始激振频率 f：大于 20Hz。

注意：由于校准不判定合格与否，故上述要求仅供参考。

2. 校准条件

(1) 环境条件

① 环境温度：0~40℃。

② 相对湿度：≤85%。

③ 电源电压：额定电压 × (1±0.1)。

④ 校准应在无影响校准结果的污染、振动、噪声和电磁干扰等环境中进行。

(2) 校准用器具

1) 砝码校准：

① 小砝码一组：0.1kg×1、0.2kg×2、0.5kg×1、1kg×1；准确度为 M_{22}。

② 相当于 100% 额定承载轮质量的一组砝码，准确度为 M_{22}。

2) 标准测力仪校准：

① 砝码一组：0.1kg×1、0.2kg×2、0.5kg×1、1kg×1、20kg（或 25kg）×1；准确度为 M_{22}。

② 标准测力仪：测量范围不低于 100% 额定承载轮质量换算的力，准确度为 0.5 级。

③ 反力架、千斤顶等辅助工具。

3) 转速表：准确度为 1 级。

3. 校准项目和校准方法

(1) 承载轮质量

1) 空载变动性的校准：

① 按检测台使用说明书要求，开机预热后，调整零位。

② 用加载 20kg（或 25kg）砝码方法破坏其平衡状态，重复 3 次，卸载后最大的偏离零位值作为校准结果。

2) 最大允许误差的校准：

① 砝码校准。选取约 20%、60%、100% 额定承载轮质量的 3 个测量点，逐步加载，重复 3 次。按式 (11-1)、式 (11-2) 计算各测量点示值误差。左、右台应分别测量、计算。

$$\Delta_i = \overline{M}_i - m_i \quad (11\text{-}1)$$

式中　Δ_i——第 i 测量点示值绝对误差（i = 1、2、3）(kg)；

$\overline{M}_i$——第 i 测量点 3 次测量示值的平均值 (kg)；

m_i——第 i 测量点实际加载的砝码质量值 (kg)。

$$\delta_i = \frac{\overline{M}_i - m_i}{m_i} \times 100\% \quad (11\text{-}2)$$

式中　δ_i——第 i 测量点示值相对误差 (%)。

② 标准测力仪校准。选取约相当于 20%、60%、100% 额定承载轮质量的 3 个值，逐步加载，重复 3 次。按式 (11-3)、式 (11-4)、式 (11-5)、式 (11-6) 计算各测量点示值误差。左、右台应分别测量、计算。

$$\Delta_i = \frac{1}{3}\sum_{j=1}^{3} \Delta_{ij} \quad (11\text{-}3)$$

$$\Delta_{ij} = M_{ij} - \frac{F_{ij}}{g} \tag{11-4}$$

式中　Δ_{ij}——第 i 测量点、第 j 次测量的示值绝对误差（j = 1、2、3）（kg）；
　　　M_{ij}——第 i 测量点、第 j 次测量的示值（kg）；
　　　F_{ij}——第 i 测量点、第 j 次测量时标准测力仪测得力值（N）；
　　　g——重力加速度，g = 9.8m/s²。

$$\partial_i = \frac{1}{3}\sum_{j=1}^{3}\Delta_{ij} \tag{11-5}$$

$$\delta_{ij} = \frac{M_{ij} \cdot g - F_{ij}}{F_{ij}} \times 100\% \tag{11-6}$$

式中　δ_{ij}——第 i 测量点时，第 j 次测量的示值相对误差（j = 1、2、3）（%）。

3）示值重复性的计算
① 砝码校准。按式（11-7）、式（11-8）计算各测量点的示值重复性。左、右台分别测量、计算

$$R_{\Delta i} = M_{i\max} - M_{i\min} \tag{11-7}$$

式中　$R_{\Delta i}$——示值误差按绝对量计算时，第 i 测量点示值重复性（kg）；
　　　$M_{i\max}$——第 i 测量点 3 次示值中的最大值（kg）；
　　　$M_{i\min}$——第 i 测量点 3 次示值中的最小值（kg）。

$$R_{\delta i} = \frac{M_{i\max} - M_{i\min}}{m_i} \times 100\% \tag{11-8}$$

式中　$R_{\delta i}$——示值误差按相对量计算时，第 i 测量点示值重复性（%）。

② 标准测力仪校准。按式（11-9）、式（11-10）计算各测量点的示值重复性。左、右台分别测量、计算

$$R_{\Delta i} = \Delta_{i\max} - \Delta_{i\min} \tag{11-9}$$

式中　$\Delta_{i\max}$——第 i 测量点 3 次示值绝对误差中的最大值（kg）；
　　　$\Delta_{i\min}$——第 i 测量点 3 次示值绝对误差中的最小值（kg）。

$$R_{\delta i} = \delta_{i\max} - \delta_{i\min} \tag{11-10}$$

式中　$\delta_{i\max}$——第 i 测量点 3 次示值相对误差中的最大值（%）；
　　　$\delta_{i\min}$——第 i 测量点 3 次示值相对误差中的最小值（%）。

4）左右台示值间差的计算。计算相同测量点时左右台示值误差之差的绝对值，即为该测量点左右台示值间差。

5）漂移的校准。加载 20kg（或 25kg）砝码。示值稳定后读数，每隔 5min 一次，共读数 3 次，读数中的最大值与最小值之差即为漂移。

6）鉴别力的校准。加载 20kg（或 25kg）砝码。逐步加载 1d（d 为分度值）、1.1d、1.2d、1.3d、1.4d……，观察示值改变时的加载值作为测量结果。

（2）吸收率

1）吸收率重复性的校准：

① 根据检测台额定承载质量和承载台面对称中心线间距选择试验车，该试验车应装备完整、性能良好，轮胎气压符合制造厂要求。

② 将试验车沿检测台规定方向驶上承载台面，变速器处于空档。

③ 各次试验时，使车辆中心线分别位于左右检测台对称中心线上及对称中心线左（右）约 100mm 处。启动检测台，分别测量上述三个位置（中、左、右）时的左、右车轮吸收率，在每一位置重复测量 3 次。

④ 按式（11-11）分别计算左、右车轮处于各测试位置时，吸收率重复性 r_{Xi}

$$r_{Xi} = X_{i\max} - X_{i\min} \tag{11-11}$$

式中　$X_{i\max}$——第 i 测试位置测量时，3 次测量吸收率的最大值（i = 中、左、右）（%）；
　　　$X_{i\min}$——第 i 测试位置测量时，3 次测量吸收率的最小值（i = 中、左、右）（%）。

2）吸收率偏置误差的计算：按式（11-12）、式（11-13）分别计算左、右台在车轮偏置时吸收率差 X_p

$$X_{pL} = |\overline{X}_L - \overline{X}_Z| \tag{11-12}$$

式中　X_{pL}——车轮左偏置 100mm 时的吸收率偏置误差（%）；
　　　$\overline{X}_L$——车轮左偏置 100mm 时，3 次测量吸收率平均值（%）；

$$X_{pR} = |\overline{X}_R - \overline{X}_Z| \tag{11-13}$$

式中　X_{pR}——车轮右偏置 100mm 时的吸收率偏置误差（%）；
　　　$\overline{X}_R$——车轮右偏置 100mm 时，3 次测量吸收率平均值（%）；
　　　$\overline{X}_Z$——车轮位于台面中心位置时，3 次测量吸收率平均值（%）。

以 X_{pL}、X_{pR} 中的大值作为该台面在车轮偏置时的吸收率偏置误差。

3）左右台吸收率偏差的校准：在"1）吸收率重复性的校准"完成后，将试验车掉头，反方向驶上承载台面，变速器处于空档。使车辆中心线位于左右检测台对称中心线上，启动检测台测试，重复测 3 次。按式（11-14）任选左轮或右轮计算车辆正反方向安置时吸收率偏差

$$S_{LR} = |\overline{S}_L - \overline{S}_R| \tag{11-14}$$

式中　S_{LR}——车辆正反方向安置时吸收率偏差（%）；
　　　$\overline{S}_L$——试验车左轮（或右轮）处于左承载台测得的 3 次吸收率的平均值（%）；
　　　$\overline{S}_R$——试验车左轮（或右轮）处于右承载台测得的 3 次吸收率的平均值（%）。

（3）起始激振频率

检测台驱动电动机起动并运转稳定后，用转速表测量左、右检测台激振凸轮的等效稳定转速，按式（11-15）分别计算左、右台起始激振频率

$$f = \frac{n}{60} \tag{11-15}$$

式中　f——左、右台起始激振频率（Hz）；
　　　n——转速表测得左、右检测台激振凸轮的等效稳定转速（r/min）。

4. 校准结果表达

经校准的检测台，出具校准证书。注明校准项目、校准用测量标准的溯源性及有效性说明、测量不确定度等。

5. 复校时间间隔

根据检测台的使用状况而定，建议校准时间间隔为 1 年。

第 12 章 汽车燃料经济性检验

油耗仪是测量汽车燃料消耗量的仪器，用于评价汽车的燃料经济性。根据 GB 18565—2016《道路运输车辆综合性能要求和检验方法》要求燃用柴油或汽油、总质量大于 3500kg 的在用车辆，其燃料消耗量限值及评价方法应符合 GB/T 18566—2011《道路运输车辆燃料消耗量检测评价方法》的规定。GB/T 18566—2011 规定使用碳平衡油耗仪进行碳质量平衡法检验。

12.1 油耗仪结构与工作原理

12.1.1 基本结构

油耗仪的基本结构如图 12-1 所示。

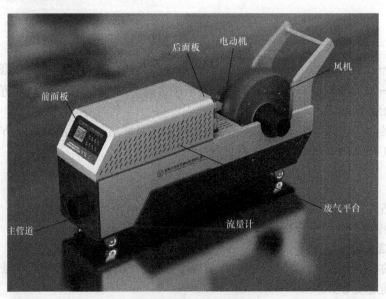

图 12-1 油耗仪结构图

12.1.2 测试原理

碳平衡法是根据燃料在发动机中燃烧后，排气中的碳（C）质量总和等于燃料燃烧前的碳（C）质量总和的质量守恒定律，测算汽车燃料油耗量的方法。燃料燃烧前的碳（C）质量总和=燃烧后生成物的碳（C）质量总和。汽车燃料燃烧后生成不同量的 CO_2（二氧化碳）、CO（一氧化碳）、HC（碳氢）、H_2O（水，包括气态和液态）及 NO_x（氮氧化物）等物质。故通过测定汽车排放物中的 CO_2、CO 和 HC 气体中所含的碳质量就可推算出汽车燃料消耗量。

碳平衡油耗仪依据碳平衡法原理，通过测取稀释排气的体积和浓度来测取车辆的燃料消耗，其基本构成是稀释排气体积测量系统和浓度测量系统。

1）废气分析平台采用不分光红外法测出排气中 CO_2、CO、HC 的各组分浓度。

2）流量采用文丘里涡街流量计测量气体流量（体积流量）、温度、压力，并具有温度补偿功能。

3）风机用来稀释被检测气体。

12.2 燃料经济性检验方法和数据分析

燃料消耗量检验方法

1. 检测准备

（1）底盘测功机

① 预热。采用反拖电动机或车辆驱动滚筒转动预热底盘测功机，直至底盘测功机滑行时间趋于稳定。

② 示值调零。底盘测功机静态空载，力、速度和距离示值调零或复位。

（2）油耗仪

① 预热。油耗仪应预热至设备到达正常工作准备状态。

② 示值调零。各测量参数示值调零或复位。

（3）受检汽车

① 车辆空载。

② 检查车辆排气系统，不得有泄漏。

③ 检查驱动轴轮胎的花纹深度和气压。花纹深度不得小于1.6mm，花纹中不得夹有杂物；轮胎气压应按 GB/T 2977—2016《载重汽车轮胎规格、尺寸、气压与负荷》的规定进行调整。

④ 记录受检车辆的以下参数信息，对于检测站数据库或车辆行驶证无法提供的参数，应进行实车测量。

——燃料类别（汽、柴油）；

——驱动轮轮胎规格型号；

——额定总质量，单位为（kg）；

——车高，单位为毫米（mm）；

——前轮距，单位为毫米（mm）；

——客车车长，单位为毫米（mm）；

——客车等级（分为高级、中级、普通级）；
——货车车身形式（分为栏板车、自卸车、牵引车、仓栅车、厢式车和罐车）；
——驱动轴数；
——驱动轴空载质量，单位为千克（kg）；
——牵引车满载总质量，单位为千克（kg）。

⑤ 车辆应预热至发动机、传动系达到正常工作的温度状况，发动机冷却液温度应达到 80~90℃。

⑥ 关闭非汽车正常行驶所必需的附属装备，如空调系统等。

（4）燃料

检测时使用受检汽车油箱内的燃料。燃料氢碳比采用固定值：柴油取 1.86，汽油取 1.85。

（5）确定受检汽车的检测工况

控制系统应根据车辆参数和信息，按照检测工况的要求确定检测速度，并计算台架加载阻力。若半挂汽车列车驱动轮与滚筒之间的附着力小于台架加载阻力而产生轮胎打滑，则应按牵引车（单车）满载总质量计算台架加载阻力。

2. 检验程序

1）引车员将汽车平稳驶上底盘测功机，置汽车驱动轮于测功机滚筒上，驱动轮轴线应与滚筒轴线平行，固定汽车非驱动轮。

2）每次检测前油耗仪应调零，并测量环境空气中 CO_2 气体浓度。

3）起动汽车，逐步加速，手动变速器挂入最高档，自动变速器应置于 D 位。底盘测功机按照确定的检测工况下的台架加载阻力对受检车辆进行加载，至车速稳定在确定的检测工况下的检测车速。

4）油耗仪采样管应靠近并对准汽车排气管口，其间距不大于 100mm，使采样管与排气管末端同轴，用支架固定，使汽车排气和环境空气顺利进入采样管。

5）引车员按驾驶人协助提示控制汽车节气门/油门，使检测车速的变化幅度稳定在 ±0.5km/h 的范围内，稳定至少 15s 后，油耗仪开始 60s 连续采样，同时测功机开始测量 60s 连续采样时间内的汽车行驶距离 S（m）。

6）采样过程中，如连续 3s 内检测车速的变化幅度超过 ±0.5km/h 或加载阻力变化幅度超过 ±20N，则停止本次采样，返回到 12.2.1 小节的"2."中"（5）"重新开始。

7）连续 60s 采样完成后，按式（12-1）计算汽车百公里燃料消耗量，并四舍五入至小数点后一位

$$FC = \frac{100}{S} \sum FC_S \tag{12-1}$$

式中 FC——汽车百公里燃料消耗量（L/100km）；

S——采样时间内汽车的行驶距离（m）；

$\sum FC_S$——采样时间内汽车每秒燃料消耗量的累加值（mL）。

8）每次检测结束后，油耗仪应进行反吹。

3. 检测结果评价

（1）燃料消耗量限值

① 已列入交通运输主管部门公布的《道路运输车辆燃料消耗量达标车型表》的车辆，其燃料消耗量限值为车辆《燃料消耗量参数表》中 50km/h 或 60km/h 满载等速油耗的 114%。

② 未列入交通运输主管部门公布的《道路运输车辆燃料消耗量达标车型表》的车辆，其燃料消耗量限值的参比值见表 12-1～表 12-3。

③ 当按牵引车（单车）满载总质量进行检测时，燃料消耗量限值的参比值按牵引车（单车）满载总质量对应表 12-2 中的数值。

表 12-1 在用柴油客车燃料消耗量限值的参比值

车长 L/ mm	参比值/（L/100km）	
	高级客车 等速 60km/h	中级和普通级客车 等速 50km/h
$L \leqslant 6\,000$	11.3	9.5
$6\,000 < L \leqslant 7\,000$	13.1	11.5
$7\,000 < L \leqslant 8\,000$	15.3	14.1
$8\,000 < L \leqslant 9\,000$	16.4	15.5
$9\,000 < L \leqslant 10\,000$	17.8	16.7
$10\,000 < L \leqslant 11\,000$	19.4	17.6
$11\,000 < L \leqslant 12\,000$	20.1	18.3
$L > 12\,000$	22.3	20.3

表 12-2 在用柴油货车（单车）燃料消耗量限值的参比值

额定总质量 G/ kg	参比值/ （L/100km）	额定总质量 G/ kg	参比值/ （L/100km）
$3\,500 < G \leqslant 4\,000$	10.6	$17\,000 < G \leqslant 18\,000$	24.4
$4\,000 < G \leqslant 5\,000$	11.3	$18\,000 < G \leqslant 19\,000$	25.4
$5\,000 < G \leqslant 6\,000$	12.6	$19\,000 < G \leqslant 20\,000$	26.1
$6\,000 < G \leqslant 7\,000$	13.5	$20\,000 < G \leqslant 21\,000$	27.0
$7\,000 < G \leqslant 8000$	14.9	$21\,000 < G \leqslant 22\,000$	27.7
$8\,000 < G \leqslant 9\,000$	16.1	$22\,000 < G \leqslant 23\,000$	28.2
$9\,000 < G \leqslant 10\,000$	16.9	$23\,000 < G \leqslant 24\,000$	28.8
$10\,000 < G \leqslant 11\,000$	18.0	$24\,000 < G \leqslant 25\,000$	29.5
$11\,000 < G \leqslant 12\,000$	19.1	$25\,000 < G \leqslant 26\,000$	30.1
$12\,000 < G \leqslant 13\,000$	20.0	$26\,000 < G \leqslant 27\,000$	30.8
$13\,000 < G \leqslant 14\,000$	20.9	$27\,000 < G \leqslant 28\,000$	31.7
$14\,000 < G \leqslant 15\,000$	21.6	$28\,000 < G \leqslant 29\,000$	32.6
$15\,000 < G \leqslant 16\,000$	22.7	$29\,000 < G \leqslant 30\,000$	33.7
$16\,000 < G \leqslant 17\,000$	23.6	$30\,000 < G \leqslant 31\,000$	34.6

表 12-3 在用柴油半挂汽车燃料消耗量限值的参比值

额定总质量 G/kg	参比值/(L/100km)
$G \leqslant 27\ 000$	42.9
$27\ 000 < G \leqslant 35\ 000$	43.9
$35\ 000 < G \leqslant 43\ 000$	46.2
$43\ 000 < G \leqslant 49\ 000$	47.3

截止到 2019 年 1 月 31 日,交通运输部已发布 53 批道路运输车辆燃料消耗量达标车型,燃料消耗量等相关信息已在"道路运输车辆技术服务网"发布。

网址:http://atestsc.mot.gov.cn/index

未列入《道路运输车辆燃料消耗量达标车型表》的在用柴油客车、货车(单车)及半挂汽车列车燃料消耗量限值见表 12-1 ~ 表 12-3,在用汽油车辆的燃料消耗量限值的参比值为相应车长、等级的柴油客车,及相应总质量的柴油货车(单车)及半挂汽车列车限值参比值的 1.15 倍。

(2) 判定方法

① 当检测结果小于等于限值,判定该车燃料消耗量为合格。

② 当检测结果大于限值,允许复检两次,一次复检合格,则判定该车燃料消耗量为合格。

③ 当检测结果和复检结果均大于限值,判定该车燃料消耗量为不合格。

12.3 油耗仪计量检定规程技术要求

计量性能要求

根据 JJG(交通)127—2015《碳平衡法汽车燃料消耗量检测仪》,计量性能要求如下。

1. 碳平衡检测仪

1)碳平衡检测仪的示值误差应在 ±4% 的范围内。

2)碳平衡检测仪的重复性应不大于 1.5%。

2. 浓度测量装置

1)浓度测量装置示值误差应满足表 12-4 的规定。

表 12-4 浓度测量装置示值误差要求

项目	相对误差	绝对误差
CO_2	±2%	±0.02%
CO	±2%	±0.02%
HC	±3%	$±4 \times 10^{-6}$

注:满足绝对误差或相对误差任何一项即为合格。

2)经预热后,浓度测量装置 4h 内的零点漂移和量程漂移满足表 12-4 规定的误差要求。

3)浓度测量装置的重复性应不大于表 12-4 规定误差绝对值的 1/3。

4)浓度测量装置的响应时间应不大于 8s。

第 13 章 其他设备

本章描述了机动车检测仪器设备检验的一些附属检测设备,具体包括:悬架转向系统间隙检查仪、自由滚筒和汽车摆正器。这些设备并不能检测出车辆某项性能的检测数据,但是这些设备一样是机动车线内检测常用的装备。它们主要是用来辅助机动车检测的,更通俗地讲,它们是机动车检测的辅助工具,有了它们的存在才能使机动车的检测更加科学,更为准确。

13.1 悬架转向系统间隙检查仪

汽车悬架转向系统间隙检查仪是一种辅助底盘检查人员的工具,可使左右两轮以不同的方向移动,用于快速检测汽车车轮及悬架系统的间隙及隐患,以暴露相关机件的装配松旷现象,以便检验人员快速检查底盘构件中存在的隐患,来保证车辆的安全运行。

13.1.1 基本结构

检查仪基本结构见图 13-1。

a)   b)

图 13-1 悬架转向系统间隙检查仪结构
a)悬架转向系统间隙检查仪安装前状态 b)悬架转向系统间隙检查仪安装后状态

检查仪通常由手电筒、电控箱、泵站系统及左、右滑板机构组成。

1. 电筒

由电动机开关、手电开关、按钮↓↑、按钮↓↑、按钮←→,以及按钮→←等组成。

2. 电控箱

内装继电器、接触器,用于控制油泵电动机的运转和控制滑板的工作台面向四个方向移动。

3. 泵站系统

由电动机、齿轮泵、溢流阀、压力表、电磁换向阀、液压箱、液压缸和油管等组成。

4. 左、右滑板机构

左、右滑板机构均由工作台面、导向机构、滑动轴承等组成。可以使滑板台面沿前、后、左、右四个方向移动。

13.1.2 工作原理

其工作原理为手电筒通过电控箱，将控制信号加到工作泵站，工作泵站的液压系统通过电动机、液压泵、电磁阀和液压缸等，产生一定的工作压力，使液压缸动作，从而推动左、右滑板横向或纵向运动，以带动车辆车轮的运动。通过手电筒的光线，检验员可清晰地观察车辆转向系统及悬架系统的状态，从而完成对汽车底盘的检测。泵站与台面油路连接示意图见图13-2。

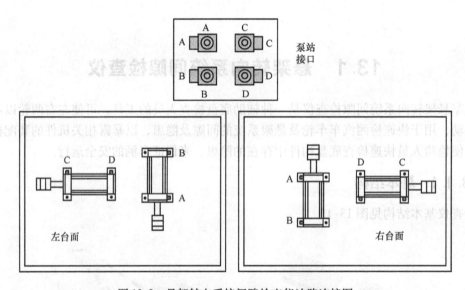

图13-2 悬架转向系统间隙检查仪油路连接图

13.1.3 悬架转向系统间隙检查仪的使用方法

1）检查线路及油路的连接情况，确保正确无误。

2）接通电控箱上的总电源开关，将手电筒上的电动机电源开关打开，电动机顺时针转动，液压泵开始工作。

3）引车员将汽车转向轮驶上工作台面中央位置。

4）检查纵向间隙：引车员踩汽车制动踏板使前轮制动，检验员按下移动按钮↓↑，3~5s松开，然后按下移动按钮↑↓，3~5s再松开，工作台面纵向移动并回位，如此循环多次（注意：此按钮操作次数应成偶数）。

此时主要检查：

① 转向节主销与转向节、前桥主销支承孔是否松旷。

② 转向器直、横拉杆球头销是否松旷。
③ 转向器支架连接是否松动。
④ 钢板弹簧U形螺栓是否松动。
⑤ 独立悬架下摆臂铰接处是否松动和传力斜拉杆胶垫是否磨损松旷等。

5）检查横向间隙：引车员松开汽车制动踏板，检验员按下移动按钮←→，3～5s松开，然后按下移动按钮→←，3～5s再松开，工作台面横向移动并回位，如此循环多次（注意：此按钮操作次数也应成偶数）。

此时主要检查：
① 左、右轮毂轴承和主销铰接是否松旷。
② 左、右钢板弹簧及销是否松旷。
③ 左、右悬架其他连接是否松动。
④ 前部车架有无裂纹和悬架系统各零件有无裂纹等。

6）检查结束后，关掉手电筒电源开关，关掉电动机电源开关，再关掉总电源开关，检查工作结束。

13.2 自由滚筒

自由滚筒是布置在车速表检验台、滚筒反力式制动检验台、底盘测功机等设备的前后，是支撑被测试轴邻近车轴的设备，避免没有被测试的驱动轴与地面产生驱动力而影响正常检测。自由滚筒能实现滚筒抱死，以便车辆出车。

13.2.1 自由滚筒的结构

自由滚筒的组成见图13-3。

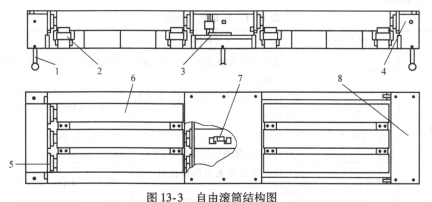

图13-3 自由滚筒结构图
1—地脚螺栓 2—制动蹄片 3—调压阀 4—紧定螺钉
5—滚筒轴承 6—滚筒 7—电磁阀 8—边盖板

1）地脚螺栓：在浇筑地基时需要把地脚螺栓浇筑在地脚坑内，以起到固定台架的作用。

2) 制动蹄片：在出车时制动蹄片与把滚筒抱死使滚筒不能滚动，以便出车。
3) 调压阀：把气压减弱到启动元器件的安全气压内，避免损伤启动元件。
4) 紧定螺钉：在二次浇筑地基之前用来调整台架的位置。
5) 滚筒轴承：支撑滚筒。
6) 滚筒：承载轮胎。
7) 电磁阀：电控切换气路方向的元件。实现控制制动蹄片抱死与松开的动作。
8) 边盖板：用于遮挡气鼓。

13.2.2　工作原理及使用注意事项

1. 工作原理

自由滚筒上的滚筒用来承载轮胎来模拟路面，当多轴车辆在滚筒反力式制动检验台、车速表检验台以及底盘测功机等设备上检验相应项目的时候，车辆被测轴以外的临近轴停放在自由滚筒上，各滚筒处于放松状态，可以自由滚动，以便配合项目检测。当测试结束后，滚筒会由电磁阀控制自由滚筒上的制动装置来实施制动，此时滚筒抱死，以便测试车辆出车。

2. 使用注意事项

1) 轴重超过自由滚筒额定载荷的汽车，勿驶上自由滚筒。
2) 不要在自由滚筒上进行车辆维修作业。
3) 不应将油水、泥沙等带入自由滚筒内。
4) 要对滚筒支撑轴承进行定期润滑。
5) 调整气泵压力不得超过 0.6~0.8MPa，或按厂家规定调压。
6) 对台架表面不应用腐蚀性液体擦拭，擦拭时不要有划痕，经常保持清洁。

13.2.3　自由滚筒检查保养项目及常见故障

1. 日常检查保养项目

具体见表 13-1。

表 13-1　日常检查保养项目

周期	保养部位	保养要领	备注
每周	滚筒	检查滚筒表面是否粘有泥、油、水等脏物	清除滚筒上的脏物，洗刷干净，并使之干燥
	制动气囊	检查气囊动作是否灵活，有无漏气部位	动作不灵活或有漏气时，必须进行修理
	空气压缩机及控制阀	放掉空气压缩机滤清器内的积水，检查空气压缩机内的机油储存量	机油脏污，需放油、清洗，再按规定加足同样标号的机油
	导线	检查导线有无损伤或接触不良情况	紧固松动部位，更换不良导线
三个月	滚筒及滚筒轴承	检查滚筒有无运转杂声，滚筒表面有无损伤。检查轴承是否运转灵活无阻力	滚筒有损伤或出现运转杂声，必须进行维修
	滚筒制动蹄片	检查制动蹄片有无磨损或松弛，能否将滚筒制动住	制动蹄片松弛应调整，磨损严重的应更换

2. 常见故障

具体见表 13-2。

表 13-2 常见故障及排除方法

故障	故障分析	处理方法
制动气囊不动作	1. 无气压 2. 无电压 3. 电磁铁坏 4. 电磁阀坏	1. 查看调压阀上气压表有无 0.6~0.8MPa 气压，检查并给上气压 2. 测量控制线上有没有 AC220V 电压，测试连接线是否导通，控制开关是否坏，维修或更换连线、开关 3. 测量电磁铁接线柱有无 220V 电压，断开电源，测量电磁铁线圈电阻是否超过 10kΩ，若是应更换电磁铁 4. 断开电源，操作电磁阀手动按钮，若不动作，应更换电磁阀
更换电磁阀后控制状态相反	电磁阀进气口接反	在电磁阀上调换进气气管

13.3 汽车摆正器

汽车摆正器是前照灯检测的辅助装置，用来摆正车辆，使被测车辆的车身与前照灯检测仪垂直，以确保前照灯检测准确度，减少前照灯检测时的误差，可有效避免因车身停放不正所造成的较大检测误差，是近年来装配到机动车检测线上的新型设备。

13.3.1 基本结构

摆正器的结构见图 13-4。

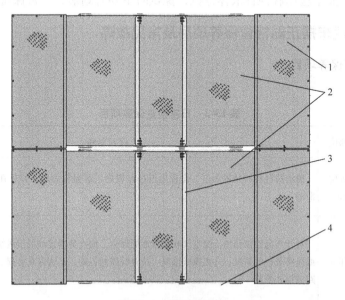

图 13-4 摆正器结构
1—边盖板 2—车轮承载板 3—车轮拨杆 4—承载板链轮及链条

1) 边盖板：用于遮挡台架内部机构。
2) 车轮承载板：用于承载车辆，前照灯检测时车辆停放于此。
3) 车轮拨杆：用于拨动车辆的轮胎，使车辆摆正。
4) 承载板链轮及链条：带动拨杆向两侧运动的传动机构。

13.3.2 检测原理及使用注意事项

1. 检测原理

车辆沿行车线驶入灯光仪检测工位，到达指定的检测位置停车（车头的最前端停在灯光仪到位、限位光电开关之间，并且挡住到位光电开关），同时车辆的前轮和后轮完全停在了摆正器的前、后车轮承载板上。此时计算机通过灯光仪的到位、限位光电开关判断车辆是否已经到达检测位置，若到达检测位置则控制摆正器的拨杆由中间向两侧运动，对车辆与灯光仪的相对角度进行调整，以到达车辆中心线与灯光仪轨道垂直的目的。工作过程由计算机自动控制，完成角度调整后自动停止。灯光检测完毕后，摆正器的拨杆自动回位，待提示驶离后，此工位检测结束。

注意：摆正器开始工作后，禁止车辆移动；灯光检测完毕后必须待控制系统提示驶离，方能移动车辆，否则将可能导致摆正器损坏。

2. 使用注意事项

1) 不应使摆正器承载超出其额定载荷的重物。
2) 不要在摆正器上进行车辆维修作业。
3) 不应使油水、泥沙等进入摆正器内。
4) 对台架表面不应用腐蚀性液体擦拭，擦拭时不要有划痕，经常保持清洁。

13.3.3 汽车摆正器检查保养项目及常见故障

1. 日常检查保养项目

见表13-3。

表13-3 日常检查保养项目

周期	保养部位	保养要领
每六个月	拨杆机构和链条	清洁拨杆机构的各部位、检查是否存在裂痕、磨损等故障，并且在所有的转轴部位加润滑油
	电气部分	打开当前控制箱用压缩空气吹出里面的浮尘，检查各连接线的接线端子是否存在明显锈蚀或线路老化的情况，并更换或修复。检查线路的各处，是否存在磨损、挤压等情况导致的线路破损并修复

2. 常见故障及排除方法

见表13-4。

表 13-4　常见故障及排除方法

故障	处理方法
拨杆机构不动作	首先确认电源是否已接通、控制信号是否正常，若电源正常，则查看电磁阀是否产生动作，查看压力表是否达到 0.3MPa；查看所有管路是否存在严重漏气；根据情况修复或更换损坏部件
车轮承载板卡滞或间歇停顿	查看链条是否完好，是否有物体卡在链条机构中，检查承载板滚轮的轨道是否有杂物；清理杂物并修复或更换损坏部件